# 많은 학부모들이 선택한
# 어휘력 향상의 길잡이

KB083936

공습국어 초등어휘는 2008년 첫 선을 보인 이래로 많은 학부모와 학생들로부터 남다른 관심과 사랑을 받고 있습니다. 공습국어 초등어휘가 이렇게 짧은 시간 안에 초등 어휘력 학습을 대표하는 교재로서 자리를 잡을 수 있었던 것은 아이들이 부담 없이 재미있게 공부할 수 있도록 교재를 활용 중심으로 최적화하여 구성한 것과 교과서에 나오는 낱말을 다룸으로써 교과 학습과 자연스럽게 연계할 수 있도록 배려한 것이 아닐까 생각합니다.

그런데 단계별로 교재의 수가 적어 서너 달이 지나면 더 이상 단계에 맞는 어휘력 학습을 지속할 수 없는 문제가 있었습니다. 그렇다고 다음 단계로 넘어가는 것도 좀 애매해서 몇 달 동안 이어온 학습 흐름이 끊어질 수밖에 없었습니다.

이번에 추가로 어휘력 교재를 출간하게 된 것은 각 단계에 맞는 어휘력 학습을 적어도 1년 정도는 꾸준히 진행할 수 있게 하기 위해서입니다. 이렇게 함으로써 다음 단계를 학습할 때까지의 기간을 최소화하거나 바로 다음 단계로 넘어가더라도 큰 어려움 없이 적응할 수 있을 것입니다.

그리고 심화 교재는 기본 교재와는 다른 문제 유형으로 코너를 구성하였습니다. 이는 같은 유형을 반복함으로써 오는 지루함을 없애고 문제 풀이 방법이 관성화되는 것을 막기 위해서입니다. 또한 이미 알고 있는 낱말이라고 하더라도 유형을 달리하여 풀어봄으로써 어휘를 좀 더 풍부하게 활용할 수 있도록 하기 위해서입니다.

주니어김영사는 교재에 대한 질책과 격려 모두를 소중히 받아 안을 것입니다. 항상 열린 자세로 최대한 교재를 효과적으로 이용할 수 있도록 도와드릴 것이며 아울러 더 좋은 교재로 다가가기 위해 노력하겠습니다.

감사합니다.

# 공습국어 초등어휘 학습 전략

> 공습국어 초등어휘는 초등 교과서에
> 나오는 낱말을 중심으로 구성되어 있는
> 어휘력 프로그램으로,
> 단순히 낱말의 사전적 의미를 암기하는 것이 아닌
> 낱말과 낱말 사이의 관계와 낱말의 다양한 쓰임새를
> 여러 가지 문제 유형을 통해 학습합니다.

## 기본과 심화의 연속된 어휘 학습 과정

공습국어 초등어휘는 전 과정이 학년에 따라 나누어져 있습니다. 크게 1·2학년, 3·4학년, 5·6학년 3개의 과정으로 이루어져 있습니다. 그리고 각 과정별로 기본 Ⅰ·Ⅱ·Ⅲ, 심화 Ⅰ·Ⅱ·Ⅲ 단계로 구성되어 있습니다.

| 과정 | 단계 | |
|---|---|---|
| 1 · 2학년 | 기본 | Ⅰ, Ⅱ, Ⅲ 단계 |
| | 심화 | Ⅰ, Ⅱ, Ⅲ 단계 |
| 3 · 4학년 | 기본 | Ⅰ, Ⅱ, Ⅲ 단계 |
| | 심화 | Ⅰ, Ⅱ, Ⅲ 단계 |
| 5 · 6학년 | 기본 | Ⅰ, Ⅱ, Ⅲ 단계 |
| | 심화 | Ⅰ, Ⅱ, Ⅲ 단계 |

기본 단계와 심화 단계는 서로 다른 구성과 학습 목표를 가지고 있습니다. 기본 단계는 낱말이 가지고 있는 기본적인 의미와 다른 낱말과 관계를 파악하는 단계입니다. 심화 단계는 유추와 연상 활동을 통해 낱말이 가지는 다양한 의미를 알고 정확하게 낱말을 읽고 쓰는 단계입니다.

기본 단계와 심화 단계는 서로 동떨어져 있는 것이 아니라 연속된 훈련 단계입니다. 따라서 공습국어 초등어휘를 처음 시작하는 경우는 기본 단계부터 순서대로 학습하는 것이 학습 효과를 극대화할 수 있습니다.

물론 공습국어 초등어휘 기본 단계로 학습한 경험이 있다면 각 과정의 심화 단계를 공부해도 괜찮습니다. 하지만 1·2학년 과정에서 기본 단계를 학습하고 현재 3학년이나 4학년이 되었다면 3·4학년 과정의 심화 단계보다는 3·4학년 과정의 기본 단계부터 시작하거나, 1·2학년 과정의 심화 단계를 한 다음 3·4학년 과정의 기본 단계로 넘어가는 것이 좋습니다.

교과서의 낱말을 다양한 문제 유형을
통해 재미있게 익힌다!

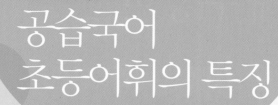
# 공습국어
# 초등어휘의 특징

 **하나  초등 교과서에 나오는 낱말로 문제 구성**

공습국어 초등어휘는 국어, 수학, 사회, 과학 등 초등 전 교과에서 낱말을 발췌하여 문제를 구성하였습니다. 각 회별로 8~10개의 낱말이 교과 영역에 따라 들어 있으며 권당 250~300개 정도의 낱말을 익힐 수 있습니다. 따라서 교재에서 다루고 있는 낱말을 익히다 보면 해당 교과의 내용을 이해하는데 많은 도움이 될 것입니다.

 **둘  상황에 따라 낱말이 가지는 복합적 의미 이해**

사전에 명시된 낱말의 기본적인 의미뿐만 아니라 상황을 유추하여 적절한 낱말을 찾는 활동, 같은 글자이지만 상황에 따라 전혀 다른 의미를 갖는 낱말을 고르는 활동, 여러 낱말을 보고 공통으로 연상되는 낱말을 찾는 활동을 통해 낱말이 가지는 복합적 의미를 파악하는 데 중점을 두고 학습할 수 있도록 했습니다.

 **셋  바른 글쓰기를 위한 맞춤법 훈련**

성인들도 글을 쓸 때 잘못된 낱말을 사용하거나 띄어쓰기가 틀리는 경우가 많이 있습니다. 이것은 한글 맞춤법에서 규정하고 있는 몇 가지 원칙만 제대로 이해한다면 충분히 개선할 수 있습니다. 특히 초등 단계에서부터 한글 맞춤법에 대해 의식적으로 알아보고 관련 문제들을 자주 접해 본다면 바르게 글을 쓰는데 큰 자신감을 갖게 될 것입니다. 공습국어 초등어휘에서는 '낱말 쌈 싸먹기' 꼭지를 통해 매회 한글 맞춤법 연습을 할 수 있으며 이러한 맞춤법 연습을 원활하게 할 수 있도록 하기 위해 135쪽에 '한글 맞춤법 알기'를 별도로 마련했습니다.

 **넷  재미있고 다양한 문제 유형으로 구성된 학습 과정**

공습국어 초등어휘는 여러 가지 문제 유형을 통해 다양하게 낱말을 습득하고 활용할 수 있도록 구성하고 있습니다. 특히 본격적인 문제 풀이에 들어가기 전 낱말 퍼즐 형식의 '가로·세로 낱말 만들기'로 두뇌 워밍업을 할 수 있도록 했으며, 아울러 앞선 회의 낱말도 복습할 수 있도록 했습니다. 또한 '낱말은 쏙쏙! 생각은 쑥쑥!' 꼭지의 문제들은 그림이나 퀴즈 형식을 이용하여 지루하지 않게 공부할 수 있습니다.

## 가로·세로 낱말 만들기

'가로·세로 낱말 만들기'는 본격적인 문제 풀이를 하기 전 가볍게 머리를 풀어보는 준비 단계의 의미와 앞선 회에서 공부한 낱말을 찾아서 만들어 봄으로써 한 번 더 낱말을 익힌다는 복습의 의미를 함께 갖고 있습니다. 적게는 3개 많게는 5개 정도 앞선 회에서 배운 낱말을 주어진 글자와 연결 낱말을 이용해 찾아야 합니다. 낱말 만드는 자세한 방법은 7쪽을 참고해 주세요.

> 주어진 연결 낱말을 이용하여 낱말을 만들어보세요. 단 색이 칠해진 칸에는 낱말을 쓸 수 없습니다.

> 만들어야 할 낱말의 개수와 도전 시간이 표시되어 있고, 만든 낱말의 개수와 걸린 시간을 적습니다.

> 글자를 조합하여 앞선 회에 배운 낱말이 있는지 찾아봅니다.

## 낱말은 쏙쏙! 생각은 쑥쑥!

어휘력 학습을 본격적으로 시작하는 꼭지입니다. '그림으로 낱말 찾기', '낱말 뜻 알기', '낱말 친구 사총사', '연상되는 낱말 찾기', '짧은 글짓기'의 5개 코너로 구성되어 있습니다.

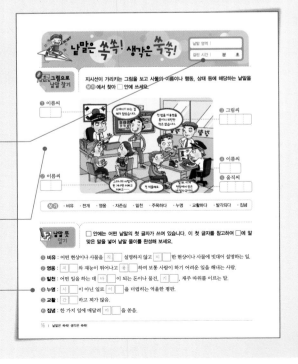

> **걸린 시간** 해당 단원을 푸는 데 걸린 시간을 적습니다.

> **그림으로 낱말 찾기** 원으로 표시된 그림 부분을 보고 유추할 수 있는 낱말을 보기에서 고릅니다.

> **낱말 뜻 알기** 낱말의 기본 의미를 알아보는 코너로 □ 안의 첫 글자를 보고 알맞은 낱말을 적습니다.

공습국어 초등어휘는 모두 30회 과정이며 각 회별로 '가로·세로 낱말 만들기', '낱말은 쏙쏙! 생각은 쑥쑥!', '낱말 쌈 싸 먹기'의 3가지 꼭지가 있습니다.

---

**낱말 친구 사총사** 낱말이 가지는 다양한 의미와 낱말 사이의 관계를 알아보는 코너입니다. 네 친구의 말 중 지시문의 물음에 맞는 것을 고르세요.

**그림으로 낱말 찾기** 원으로 표시된 그림 부분을 보고 유추할 수 있는 낱말을 보기에서 고릅니다.

**짧은 글짓기** 문장 형식에 맞게 짧은 문장을 만들어 봅니다. 주어진 낱말이 반드시 들어가도록 문장을 만들어 보세요.

---

## 낱말 쌈 싸 먹기

'낱말 쌈 싸 먹기'는 맞춤법, 띄어쓰기 코너를 통해 올바른 낱말 표기를 위해 꼭 알아야 할 규칙을 알아봅니다. 또한 관용어와 한자어 꼭지를 통해 상황에 어울리는 속담이나 격언을 찾고, 문장의 의미에 맞는 한자어나 사자성어를 알아봅니다.

**맞춤법** 두 낱말 중 맞춤법이 올바른 낱말을 찾거나, 맞춤법이 틀린 낱말을 찾아 바르게 고쳐 써 봅니다.

**띄어쓰기** 두 낱말 중 띄어쓰기가 올바르게 된 낱말을 고릅니다.

**관용어** □를 채워 그림이 표현하는 상황에 어울리는 속담이나 격언 등의 관용어를 만들어 봅니다.

**한자어** 자연스러운 문장이 되도록 □ 안에 들어갈 알맞은 한자어나 사자성어를 찾아봅니다.

꾸준함이 어휘력을 키우는
가장 좋은 방법입니다!

# 공습국어
# 초등어휘의 활용

 **하나** **처음 일주일 정도는 아이와 함께 하세요**

공습국어 초등어휘의 코너 구성과 문제 유형을 아이가 이해할 수 있도록 일주일 정도는 아이와 함께 문제를 풀어보세요. 각각의 문제 유형을 설명해주고, 채점을 통해 아이에게 미진한 부분이 있으면 다시 설명해주면서 아이가 혼자서도 충분히 문제를 해결할 수 있도록 도와주세요.

 **둘** **꾸준히 학습할 수 있는 환경을 만들어주세요**

매일 1회분씩 학습 진도를 나가는 것이 가장 이상적이긴 하지만 현실적으로 불가능한 경우가 많습니다. 따라서 매일이 아니더라도 꾸준히 교재를 볼 수 있도록 학습 스케줄을 잡아 주세요. 이때 부모님이 일방적으로 결정하지 마시고 아이와 충분히 상의하여 가능한 아이의 의견이 반영되도록 해주세요.

 **셋** **1권부터 순서대로 학습할 수 있도록 해 주세요**

공습국어 초등어휘 심화 단계는 문제 유형이나 내용이 기본 단계에 비해 다소 복잡하거나 어렵습니다. 따라서 어휘력 학습을 처음 시작하는 경우라면 기본 단계부터 순서대로 교재를 보는 것이 좋습니다. 물론 이전에 어휘력 교재를 보았거나 국어 실력이 상위권이라면 심화 단계부터 시작해도 괜찮습니다.

 **넷** **문제 풀이에 걸리는 적정한 시간은 10분 내외입니다**

문제를 푸는 데 걸리는 시간은 대략 10분 정도면 충분합니다. 하지만 문제 유형이 익숙하지 않은 초반에는 이보다 시간이 더 걸릴 수도 있습니다. 따라서 일정 기간 동안은 시간에 구애 받지 않고 편하게 문제를 풀면서 교재에 적응할 수 있도록 해 주세요.

 **다섯** **낱말 쌈 싸 먹기 문제는 이렇게 준비해 주세요**

'낱말 쌈 싸 먹기' 문제는 한글 맞춤법과 관용어의 의미를 알고 있어야 문제를 해결할 수 있습니다. 따라서 11~12쪽에 있는 '알쏭달쏭 낱말 알기'와 '관용어 알아보기'를 틈틈이 확인해서 그 내용을 아이가 기억할 수 있도록 해주세요.

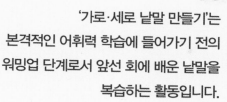

# 가로·세로
# 낱말 만들기는
# 이렇게 풀어요!

'가로·세로 낱말 만들기'는
본격적인 어휘력 학습에 들어가기 전의
워밍업 단계로서 앞선 회에 배운 낱말을
복습하는 활동입니다.

1회에서는 낱말 만들기를 연습합니다. 이미 만들어야 한 낱말이 제시되어 있는데, 글자 표에서 해당
낱말을 찾아본 다음 낱말 판 안의 낱말을 연결하여 해당 낱말을 만들어 봅니다.
2회부터 실제 낱말 만들기를 하게 되는데 이때 낱말 판 안에 낱말을 만들 때 꼭 알아두어야 할 기본
규칙이 있습니다.

- 낱말 판 안에 제시된 낱말을 연결하여 낱말을 만들어야 합니다.
- 낱말 판 안에 색이 칠해진 칸에는 낱말을 만들 수 없습니다.
- 글자는 한 번만 사용 가능하며 중복하여 사용할 수 없습니다.
- 국어사전에 등재되지 않은 낱말은 쓸 수 없습니다.

이 네 가지 기본 규칙을 꼭 기억해서 낱말을 만들 때 실수하지 않도록 하세요.
그럼 낱말을 만드는 기본 순서를 알아볼까요?

**3** 낱말 판 안의 낱말에 찾은 낱말을
연결해 봅니다. 기본 규칙에 맞게
낱말을 만들어야 함을 잊지
마세요.

**2** 표 안에 있는 글자를 조합하여
앞선 회에서 공부한 낱말을 찾아
봅니다.

**1** 만들어야 할 낱말의 개수가 몇
개인지 확인합니다.

**4** 만든 낱말의 개수를 적고 제한된
시간 안에 낱말을 만들었는지
확인합니다.

# '낱말은 쏙쏙! 생각은 쑥쑥!'은 이렇게 풀어요!

## 그림으로 낱말 찾기

'그림으로 낱말 찾기'는 사물의 이름이나, 동작 혹은 어떤 상태나 느낌 등을 나타내는 낱말을 그림을 보면서 유추해보는 활동을 하는 꼭지입니다. 동그라미로 표시된 그림 부분이 아래 보기의 낱말 중 어느 것에 해당하는 지 찾아본 다음, 알맞은 낱말을 □ 안에 적습니다. 그림은 보는 사람에 따라 여러 가지 낱말로 만들 수 있기 때문에 반드시 보기에 제시된 낱말 중에서 가장 알맞은 낱말을 선택해야 합니다.

그리고 □ 위에는 낱말이 가리키는 품사가 적혀 있는데 보기 중에 정답으로 쓸 수 있는 낱말이 두 개 이상 있다면 제시된 품사에 맞는 낱말을 적어야 합니다. 참고로 각각의 품사가 가지고 있는 의미는 다음과 같습니다.

- **이름씨** : 사물의 이름을 나타내는 품사
- **움직씨** : 사물의 동작이나 작용을 나타내는 품사
- **그림씨** : 사물의 성질이나 상태를 나타내는 품사
- **어찌씨** : 다른 말 앞에 놓여 그 뜻을 분명하게 나타내는 품사

## 낱말 뜻 알기

'낱말 뜻 알기'는 낱말의 기본적인 뜻을 알아보는 활동입니다. 낱말의 뜻을 알기 위해서는 설명하고 있는 글의 □를 채워야 하는데, □에는 어떤 특정한 낱말의 첫 글자가 제시되어 있습니다. 제시된 첫 글자와 전체 문장의 내용을 보고 빈 □ 안에 적당한 글자를 써야 합니다.

□에 채워 완성해야 할 낱말을 비교적 쉽고 단순한 낱말들로 되어 있으므로 조금만 생각해보면 □를 채워 문장을 완성할 수 있을 것입니다.

**낱말 뜻 알기**

□ 안에는 어떤 낱말의 첫 글자가 쓰여 있습니다. 이 첫 글자를 참고하여 □에 알맞은 말을 넣어 낱말 풀이를 완성해 보세요.

❶ **비유** : 어떤 현상이나 사물을 □ 설명하지 않고 □ 한 현상이나 사물에 빗대어 설명하는 일.

❷ **영웅** : □ 와 재능이 뛰어나고 □ 하여 보통 사람이 하기 어려운 일을 해내는 사람.

❸ **밑천** : 어떤 일을 하는 데 □ 이 되는 돈이나 물건, □ , 재주 따위를 이르는 말.

❹ **누명** : □ 이 아닌 일로 □ 을 더럽히는 억울한 평판.

❺ **교활** : □ 하고 꾀가 많음.

❻ **집념** : 한 가지 일에 매달려 □ 을 쏟음.

16 | 낱말은 쏙쏙! 생각은 쑥쑥!

'낱말은 쏙쏙! 생각은 쑥쑥!'에서 각 활동별로 공부하게 되는 낱말들은 '그림으로 낱말 찾기' 활동의 보기에 제시되어 있습니다. 모두 8~10개의 낱말을 공부하게 되는데, 보기에 제시된 낱말을 잘 살펴보면 모든 활동을 어렵지 않게 짧은 시간 안에 끝낼 수 있습니다.

## 낱말 친구 사총사

'낱말 친구 사총사'에서는 크게 3가지 활동을 하게 됩니다. 첫째는 소리는 같은 글자이지만 뜻이 다른 낱말을 찾는 활동, 둘째는 다른 세 낱말을 포함하는 큰 말을 찾는 활동, 셋째는 문장 안의 일부 구절이 어떤 뜻인지 찾는 활동입니다.

첫째 번 활동을 예를 들자면 '배'라는 낱말의 경우 문장 안에서 과일의 배로 쓰일 수도 있고 타는 배로 쓰일 수도 있습니다. 이때 만약 세 친구는 '타는 배'라는 뜻으로 배를 사용했고, 한 친구만 '과일의 배'라는 뜻으로 배를 사용했다면 셋과 다르게 말한 한 친구를 정답으로 선택합니다.

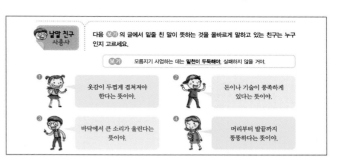

## 연상되는 낱말 찾기

'연상되는 낱말 찾기'는 제시된 세 낱말을 보고 공통으로 연상할 수 있는 낱말을 찾아보는 활동입니다. 제시된 세 낱말은 찾아야 할 낱말의 사전적인 의미이거나 조건이나 상태 등을 나타냅니다.

예를 들어 '산', '배낭', '오르다'라는 세 낱말이 주어졌다면 이 세 낱말을 통해 공통으로 연상할 수 있는 낱말로 '등산'을 떠올릴 수 있을 것입니다.

## 짧은 글짓기

'짧은 글짓기'는 주어진 문장 형식에 맞게 낱말을 넣어 짧은 글을 지어보는 활동입니다. 여러 가지 문장 형식으로 짧은 글을 만들다 보면 낱말이 문장 안에서 쓰일 때 어떻게 활용되는지 확인할 수 있습니다.

만약 '가방'이라는 낱말이 주어지고 이 낱말이 '누가 + 무엇을 + 어떻게 했다'라는 문장 형식을 가진 글에 들어가야 한다면 다음과 같이 문장을 만들 수 있습니다.

아버지께서 가방을 가져갔다.

공습국어 초등어휘

# '낱말 쌈 싸 먹기'는 이렇게 풀어요!

'낱말 쌈 싸 먹기'는 맞춤법, 띄어쓰기, 관용어, 한자어와 관련된 문제를 풀게 됩니다. 이 문제들을 풀기 위해서는 다음 쪽에 나오는 '알쏭달쏭 낱말 알기'와 '관용어 알아보기'를 꼼꼼히 읽어 보세요. 문제를 푸는 데 많은 도움이 될 것입니다.

## 맞춤법

문장 안에 잘못 쓴 낱말을 찾아 바로 고쳐 쓰거나, 두 낱말 중 바르게 쓴 낱말을 찾는 활동입니다. 오른쪽 그림에서처럼 '가까와요, 가까워요' 두 낱말이 주어졌다면 '가까워요'가 바르게 쓴 낱말이므로 '가까워요'에 동그라미를 치면 됩니다. 맞춤법 문제에 나온 낱말은 11쪽 '알쏭달쏭 낱말 알기'에 정리해 놓았으므로 미리 읽어 두세요.

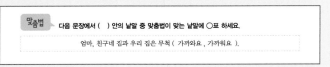

**맞춤법** 다음 문장에서 ( ) 안의 낱말 중 맞춤법이 맞는 낱말에 ○표 하세요.

엄마, 친구네 집과 우리 집은 무척 ( 가까와요 , 가까워요 ).

## 띄어쓰기

굵게 표시된 두 낱말을 중 띄어쓰기가 맞는 것을 찾는 활동입니다. 띄어쓰기 문제를 쉽게 풀기 위해서는 [도움말]을 반드시 읽어보기 바랍니다. [도움말]에는 문제로 나온 낱말을 띄어 써야 할지, 붙여 써야 할지 중요한 힌트가 들어 있기 때문입니다.

**띄어쓰기** 주어진 두 문장 중 하나에는 띄어쓰기가 틀린 부분이 있습니다. 둘 중 바르게 띄어쓰기를 한 문장을 찾아 ○표 하세요.

㉮ 벼농사 체험에 가서 벼 **석 섬**을 거두었지.    ㉯ 벼농사 체험에 가서 벼 **석섬**을 거두었지.

**도움말** 수량이나 횟수를 세는 단위로 사용되는 낱말은 띄어 씁니다.

## 관용어

그림에 제시된 상황과 관련된 속담이나 격언 등의 관용어를 찾는 활동입니다. □ 안에 글자를 넣어 관용어를 완성해 보세요. 예를 들어 '□은 비뚤어져도 □은 바로 해라.'라는 문제가 주어졌다면 □ 안에 '입', '말'을 적으면 됩니다. 속담이나 격언 등을 잘 모른다면 12쪽 '관용어 알아보기'를 미리 읽어 두세요.

**관용어** □ 안에 낱말을 넣어서 그림 속 상황과 어울리는 속담이나 격언 등을 만들어 보세요.

너 오늘 늦잠 잤지?

아니, 새벽부터 일어나서 책을 읽었어.

그래? 네 눈에 있는 눈곱은 뭐니?

□ 은 비뚤어져도
□ 은 바로 해라

## 한자어

문장을 읽고 □ 안에 들어갈 한자어나 사자성어를 보기에서 찾아 적는 활동입니다. 한자나 사자성어를 잘 모른다면 한자 사전이나 사자성어를 정리해 둔 책을 같이 놓고 문제를 풀기 바랍니다.

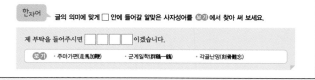

**한자어** 글의 의미에 맞게 □ 안에 들어갈 알맞은 사자성어를 **보기**에서 찾아 써 보세요.

제 부탁을 들어주시면 □□□□ 이겠습니다.

**보기** · 주마가편(走馬加鞭)    · 군계일학(群鷄一鶴)    · 각골난망(刻骨難忘)

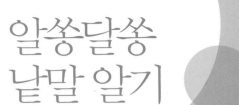

# 알쏭달쏭 낱말 알기

공습국어
초등어휘

" 낱말 쌈 싸 먹기의 맞춤법에 나오는 낱말입니다.
바르게 쓴 것과 잘못 쓴 것을 잘 비교해서 살펴보세요. "

| ○ 가까워요 | × 가까와요 | ○ 곳간 | × 곶간 |
| ○ 고등 | × 고동 | ○ 구절 | × 귀절 |
| ○ 가랑이 | × 가랭이 | ○ 귀띔 | × 귀띰 |
| ○ 간질여 | × 간지려 | ○ 넉넉지 | × 넉넉치 |
| ○ 대로 | × 대노 | ○ 널따랗다 | × 널다랗다 |
| ○ 개수 | × 갯수 | ○ 깜빡이 | × 깜박이 |
| ○ 불리길 | × 불리우길 | ○ 때깔 | × 땟깔 |
| ○ 게시판 | × 계시판 | ○ 꼴찌 | × 꼴지 |
| ○ 가든지 말든지 | × 가던지 말던지 | ○ 변변찮은 | × 변변챦은 |
| ○ 누각 | × 루각 | ○ 꽃봉오리 | × 꽃봉우리 |
| ○ 소금쟁이 | × 소금장이 | ○ 없음 | × 없슴 |
| ○ 곱슬머리 | × 꼽슬머리 | ○ 움큼 | × 웅큼 |
| ○ 갯벌 | × 개벌 | ○ 으레 | × 으례 |
| ○ 지푸라기 | × 지푸래기 | | |

관용어
알아보기

"
낱말 쌈 싸 먹기의 관용어에 나오는
속담과 격언입니다.
미리 읽어보고 문제를 풀어 보세요.
"

- **가랑비에 옷 젖는 줄 모른다** : 아무리 사소한 것이라도 그것이 거듭되면 무시하지 못할 정도로 크게 됨.
- **개같이 벌어 정승 같이 쓰라** : 돈을 벌 때는 천하고 어려운 일을 해도 쓸 때는 떳떳하고 보람되게 써야 한다.
- **개똥밭에 굴러도 이승이 좋다** : 고생스럽게 살더라도 죽는 것보다는 사는 것이 낫다.
- **고생 끝에 낙이 있다** : 어려운 일을 겪고 나면 즐거운 일이 돌아온다.
- **광에서 인심 난다** : 먹고 살 만큼 넉넉해야만 남을 동정하게 된다.
- **굼벵이도 구르는 재주가 있다** : 아무리 무능한 사람도 한 가지 재주는 있음.
- **꿈보다 해몽이 더 좋다** : 하찮거나 언짢은 일을 그럴듯하게 돌려 생각하여 좋게 풀이함.
- **누이 좋고 매부 좋다** : 양쪽 다 좋다.　　**도랑치고 가재 잡는다** : 한 번의 노력으로 두 가지 소득을 본다.
- **떡 본 김에 제사 지낸다** : 우연히 운 좋은 기회에, 하려던 일을 해치운다.
- **뚝배기보다 장 맛** : 겉으로 보기에는 보잘 것 없으나 내용은 겉에 비하여 훨씬 실속이 있다.
- **먼 사촌보다 가까운 이웃이 낫다** : 이웃끼리 서로 가까이 지내다 보면, 먼 데 있는 일가보다 더 친하게 되는 것.
- **메뚜기도 유월이 한철이다** : 한창 좋은 시절도 그때가 지나고 나면 그뿐이며, 제때를 만난 듯이 한창 날뛰는 것을 비꼬는 말.
- **모난 돌이 정 맞는다** : 두각을 나타내거나 강직한 사람은 남의 미움이나 공박을 받는다.
- **보기 좋은 떡이 먹기에도 좋다** : 내용이 좋으면 겉모양도 반반함 또는 겉모양새를 잘 꾸미는 것도 필요함.
- **빛 좋은 개살구** : 보기에만 좋고 질이 떨어지거나 실속 없이 겉모양만 좋다는 뜻.
- **소문난 잔치에 먹을 것 없다** : 떠들썩한 소문에 비하여 실속이 없거나 소문이 실제와 일치하지 않음.
- **쇠뿔도 단 김에 빼라** : 어떤 일이든지 하려고 생각했으면 망설이지 말고 곧 행동으로 옮기라는 말.
- **수박 겉핥기** : 사물의 속 내용은 모르고 겉만 건드리는 일.
- **아랫돌 빼서 윗돌 괴기** : 일이 몹시 급하여 임시변통으로 이리 저리 둘러맞추어 일함.
- **안 되는 사람은 뒤로 넘어져도 코가 깨진다** : 운수가 사나운 사람은 무슨 일을 하던 실패하고 손해만 본다.
- **어물전 망신은 꼴두기가 시킨다** : 못난이가 동료들까지 망신시킴.
- **염불에는 마음이 없고 젯밥에만 마음이 있다** : 제가 해야 할 일에는 관심이 없고 딴 곳에 마음을 두고 있다.
- **원님 덕분에 나발 분다** : 윗사람 덕분에 득을 봄.
- **원수는 외나무 다리에서 만난다** : 누군가를 만나서는 안 될 상황에서 그 사람을 정면으로 만나다.
- **입은 비뚤어져도 말은 바로 해라** : 언제든지 말을 정직하게 해야 한다.
- **제 논에 물대기** : 자기에게만 이롭게 되도록 생각하거나 행동하는 것.
- **찬물도 위아래가 있다** : 무엇이든 순서가 있으니, 그 차례를 따라 하여야 한다.
- **털어서 먼지 안 나는 사람 없다** : 누구나 결점을 찾아보면 허물이 없는 사람이 없다.
- **형 만한 아우 없다** : 형이 동생보다는 집안을 이끌 책임이나 부모님을 모시는 등의 문제에서 책임감이 강하다.

# 차례
## Contents

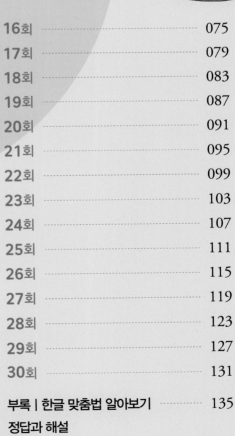

# " 공습국어를 시작하며

이제 본격적인 어휘력 공부를 시작하게 돼요.

크게 숨을 한 번 내쉬면서 마음을 가다듬어 보세요.

책을 끝까지 볼 수 있을까? 문제가 어렵지는 않을까? 하는 걱정이

들기도 하겠지만 막상 시작해보면 괜한 걱정이었다 싶을 거예요.

한 번에 밥을 많이 먹으면 탈이 날 수 있는 것처럼

하루에 1회씩만 꾸준히 풀어 보세요.

그러다 보면 어느새 어휘력이

무럭무럭 자라나 있는 걸 볼 수 있을 거예요.

자 그럼 이제 출발해 볼까요?

"

# 가로·세로 낱말 만들기

 낱말 만들기 연습을 해 보세요.

|  |  |  |  |  |  |  |  |
|---|---|---|---|---|---|---|---|
|  |  |  |  |  |  |  |  |
|  |  |  |  |  |  |  |  |
|  |  |  |  |  |  |  |  |
|  |  |  | 동 |  |  |  |  |
|  |  |  | 굴 | 투 | 창 |  |  |
|  |  |  |  |  |  |  |  |
|  |  |  |  |  |  |  |  |
|  |  |  |  |  |  |  |  |

| 렁 | 동 | 작 | 호 | 쇠 |
|---|---|---|---|---|
| 아 | 투 | 굴 | 줄 | 창 |

★ 만들어야 할 낱말 : 동아줄, 투호, 굴렁쇠, 창작
★ 낱말 만들기 방법은 7쪽을 참고하세요.

## 낱말은 쏙쏙! 생각은 쑥쑥!

낱말 영역 |

걸린 시간 |  분  초

### 그림으로 낱말 찾기

지시선이 가리키는 그림을 보고 사물의 이름이나 행동, 상태 등에 해당하는 낱말을 보기 에서 찾아 □ 안에 쓰세요.

❶ 이름씨

❸ 그림씨

❷ 이름씨

❹ 이름씨

❺ 움직씨

보기  • 비유  • 전개  • 영웅  • 자존심  • 밑천  • 주목하다  • 누명  • 교활하다  • 발각되다  • 집념

### 낱말 뜻 알기

□ 안에는 어떤 낱말의 첫 글자가 쓰여 있습니다. 이 첫 글자를 참고하여 □에 알맞은 말을 넣어 낱말 풀이를 완성해 보세요.

❶ **비유** : 어떤 현상이나 사물을 직 □ 설명하지 않고 비 □ 한 현상이나 사물에 빗대어 설명하는 일.

❷ **영웅** : 지 □ 와 재능이 뛰어나고 용 □ 하여 보통 사람이 하기 어려운 일을 해내는 사람.

❸ **밑천** : 어떤 일을 하는 데 바 □ 이 되는 돈이나 물건, 기 □ , 재주 따위를 이르는 말.

❹ **누명** : 사 □ 이 아닌 일로 이 □ 을 더럽히는 억울한 평판.

❺ **교활** : 간 □ 하고 꾀가 많음.

❻ **집념** : 한 가지 일에 매달려 마 □ 을 쏟음.

 **낱말 친구 사총사**

다음 보기 의 글에서 밑줄 친 말이 뜻하는 것을 올바르게 말하고 있는 친구는 누구인지 고르세요.

> 보기 모름지기 사업하는 데는 **밑천이 두둑해야**, 실패하지 않을 거야.

 ❶ 옷감이 두껍게 겹쳐져야 한다는 뜻이야.

 ❷ 돈이나 기술이 풍족하게 있다는 뜻이야.

 ❸ 바닥에서 큰 소리가 울린다는 뜻이야.

 ❹ 머리부터 발끝까지 뚱뚱하다는 뜻이야.

 **연상되는 낱말 찾기**

다음은 세 낱말을 보고 공통으로 연상되는 낱말을 찾는 문제입니다. 세 낱말과 관련 있는 낱말을 써 보세요.

| 난세 | 대중 | 유명하다 | → | |
| 억울하다 | 올가미 | 오해 | → | |
| 여우 같다 | 속임수 | 두뇌 | → | |

 **짧은 글짓기**

주어진 낱말을 이용하여 보기 와 같은 형식으로 짧은 글을 지어 보세요.

> 보기 누가 + 언제 + 무엇을 + 어떻게 했다

| 자존심 | |
| 주목 | |
| 전개 | |

# 낱말 쌈 싸 먹기

알쏭달쏭 헷갈리는 맞춤법, 띄어쓰기, 관용어, 한자어가 이제 한입에 쏙!
**하루에 한 쪽씩 맛있게 냠냠 해치우자!**

---

**맞춤법** 다음 문장에서 ( ) 안의 낱말 중 맞춤법이 맞는 낱말에 ○표 하세요.

엄마, 친구네 집과 우리 집은 무척 ( 가까와요 , 가까워요 ).

---

**띄어쓰기** 주어진 두 문장 중 하나에는 띄어쓰기가 틀린 부분이 있습니다. 둘 중 바르게 띄어쓰기를 한 문장을 찾아서 ○표 하세요.

㉮ 벼농사 체험에 가서 벼 **석 섬**을 거두었지.

㉯ 벼농사 체험에 가서 벼 **석섬**을 거두었지.

**도움말** 수량이나 횟수를 세는 단위로 사용되는 낱말은 띄어 씁니다.

---

**관용어** □ 안에 낱말을 넣어서 그림 속 상황과 어울리는 속담이나 격언 등을 만들어 보세요.

□은 비뚤어져도
□은 바로 해라

---

**한자어** 글의 의미에 맞게 □ 안에 들어갈 알맞은 사자성어를 **보기**에서 찾아 써 보세요.

제 부탁을 들어주시면 □□□□이겠습니다.

**보기** ・주마가편(走馬加鞭)  ・군계일학(群鷄一鶴)  ・각골난망(刻骨難忘)

# 가로·세로 낱말 만들기

**02**

 주어진 글자를 연결하여 **01** 회에 공부한 낱말을 만들어 보세요.

|  |  |  |  |  |  |  |  |
|---|---|---|---|---|---|---|---|
|  |  |  |  |  |  |  |  |
|  |  |  |  |  |  |  |  |
|  |  |  |  |  |  |  |  |
|  |  | 비 |  |  |  |  |  |
|  |  | 명 |  | 개 |  |  |  |
|  |  |  |  | 천 |  |  |  |
|  |  |  |  |  |  |  |  |
|  |  |  |  |  |  |  |  |

| 비 | 밑 | 교 | 누 | 전 |
|---|---|---|---|---|
| 천 | 명 | 개 | 유 | 활 |

| ★ 도전 시간 | **2분** |
|---|---|
| ★ 만들 낱말 수 | **5개** |
| ★ 만든 낱말 수 | 개 |

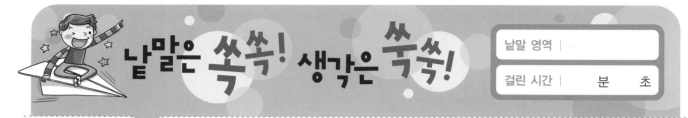

 그림으로 낱말 찾기

지시선이 가리키는 그림을 보고 사물의 이름이나 행동, 상태 등에 해당하는 낱말을 보기 에서 찾아 □ 안에 쓰세요.

**❶ 이름씨**

**❷ 이름씨**

**❸ 이름씨**

**❹ 이름씨**

**❺ 움직씨**

보기 · 지형　· 평야　· 해안선　· 휴양림　· 방파제　· 풍년　· 강수량　· 김장하다　· 한옥　· 온돌

낱말 뜻 알기

□ 안에는 어떤 낱말의 첫 글자가 쓰여 있습니다. 이 첫 글자를 참고하여 □에 알맞은 말을 넣어 낱말 풀이를 완성해 보세요.

**❶ 지형** : 땅의 생긴 모□□이나 형□.

**❷ 평야** : 기□□이 매우 작고, 지□□□이 평평하고 너른 들.

**❸ 풍년** : 곡□이 잘 자라고 잘 여물어 평년보다 수□이 많은 해.

**❹ 강수량** : 비, 눈, 우□, 안□ 따위로 일정 기간 동안 일정한 곳에 내린 물의 총량.

**❺ 온돌** : 아□□에 불을 지펴 열□가 방 밑돌로 옮겨 가서 방바닥을 덥히는 장치.

**낱말 친구 사총사**

다음 밑줄 친 낱말 중 다른 셋을 포함하는 큰 말에 해당하는 낱말을 고르세요.

❶ 다음 태권도 격파는 **기왓장**을 부수는 거래.

❷ 아궁이에 불을 많이 지펴야 **온돌**이 따뜻해져.

❸ 햇볕이 따뜻한 날에는 **대청마루**에서 낮잠이나 자야겠어.

❹ 아파트와 비교되는 우리나라 전통 가옥을 **한옥**이라고 해.

**연상되는 낱말 찾기**

다음은 세 낱말을 보고 공통으로 연상되는 낱말을 찾는 문제입니다. 세 낱말과 관련 있는 낱말을 써 보세요.

| 파도 | 모래 | 경계선 | → | |
|---|---|---|---|---|
| 파도 | 둑 | 항구 | → | |
| 배추 | 겨울 | 밑반찬 | → | |

**짧은 글짓기**

주어진 낱말을 이용하여 **보기**와 같은 형식으로 짧은 글을 지어 보세요.

**보기**　누가 + 어디서 + 왜 + 무엇을 + 어떻게 한다

| 평야 | |
|---|---|
| 휴양림 | |
| 방파제 | |

## 낱말 쌈 싸 먹기

알쏭달쏭 헷갈리는 맞춤법, 띄어쓰기, 관용어,
한자어가 이제 한입에 쏙!
**하루에 한 쪽씩 맛있게 냠냠 해치우자!**

---

**맞춤법** 다음 문장에서 맞춤법이 **틀린** 낱말을 찾아 바르게 고쳐 써 보세요.

된장국에 고동을 넣으면 맛이 한결 낫지.　　　　( 　　　　　　 ) → ( 　　　　　　 )

---

**띄어쓰기** 주어진 두 문장 중 하나에는 띄어쓰기가 틀린 부분이 있습니다. 둘 중 바르게 띄어쓰기를 한 문장을 찾아서 ○표 하세요.

㉮ 작년 **이맘 때** 무슨 공부를 했지?　　　　　㉯ 작년 **이맘때** 무슨 공부를 했지?

**도움말** '이만큼 된 때'란 뜻을 가진 한 낱말입니다.

---

**관용어** □ 안에 낱말을 넣어서 그림 속 상황과 어울리는 속담이나 격언 등을 만들어 보세요.

흥선군은 왜 남의 잔칫집에 가서 밥을 얻어먹는지 모르겠소.

그러게 말입니다, 종친으로서 부끄러울 따름입니다.

어물전 망신은
□□□ 가 시킨다

---

**한자어** 글의 의미에 맞게 □ 안에 들어갈 알맞은 한자어를 **보기**에서 찾아 써 보세요.

살다 보면 □□스러운 날도 있겠지만 될수록 □□하게 지내야지.

**보기**　· 不快　· 明朗　· 疲困　· 苦痛

---

# 가로·세로 낱말 만들기

 주어진 글자를 연결하여 **02** 회에 공부한 낱말을 만들어 보세요.

|  |  |  |  |  |  |  |  |
|---|---|---|---|---|---|---|---|
|  |  |  |  |  |  |  |  |
|  |  |  |  |  |  |  |  |
|  |  |  |  |  |  |  |  |
|  |  |  | 휴 | 지 |  |  |  |
|  |  |  | 방 |  |  |  |  |
|  |  |  |  |  |  |  |  |
|  |  |  |  |  |  |  |  |
|  |  |  |  |  |  |  |  |

| 제 | 휴 | 형 | 양 | 야 |
|---|---|---|---|---|
| 림 | 평 | 파 | 지 | 방 |

| ★ 도전 시간 | **2분** |
|---|---|
| ★ 만들 낱말 수 | **4개** |
| ★ 만든 낱말 수 | **개** |

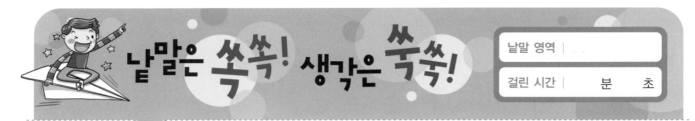

**그림으로 낱말 찾기**

지시선이 가리키는 그림을 보고 사물의 이름이나 행동, 상태 등에 해당하는 낱말을 보기 에서 찾아 ☐ 안에 쓰세요.

❶ 움직씨

❷ 이름씨

❸ 이름씨

❹ 이름씨

❺ 이름씨

보기  · 렌즈  · 은박지  · 실제  · 오목  · 볼록  · 용해하다  · 용액  · 수성  · 플라스크  · 비커

---

**낱말 뜻 알기**

☐ 안에는 어떤 낱말의 첫 글자가 쓰여 있습니다. 이 첫 글자를 참고하여 ☐에 알맞은 말을 넣어 낱말 풀이를 완성해 보세요.

❶ **실제** : 사실의 경☐☐ 나 형☐ .

❷ **오목** : 가운데가 동☐☐☐ 하게 폭 패거나 들☐ 가 있는 모양.

❸ **볼록** : 물체의 거죽이 조금 도☐☐☐☐ 거나 쏙 내☐ 린 모양.

❹ **용해** : 소금을 물에 넣었을 때와 같이 물☐ 이 액☐ 에 녹는 현상.

❺ **용액** : 소☐☐ 처럼 물질이 액☐ 에 녹아 있는 것.

**낱말 친구 사총사**

다음 밑줄 친 낱말의 뜻이 다른 셋과 같지 <u>않은</u> 것은 어느 것인지 번호를 고르세요.

❶  **수성** 펜은 물을 묻혀 닦으면 금세 지워져.

❷  태양계 행성 중에서 태양과 가장 가까운 건 **수성**이야.

❸  **수성**에는 물이 없을 거야.

❹  **수성**을 영어로는 머큐리라고 해.

---

**연상되는 낱말 찾기**

다음은 세 낱말을 보고 공통으로 연상되는 낱말을 찾는 문제입니다. 세 낱말과 관련 있는 낱말을 써 보세요.

| 유리 | 안경 | 현미경 | → | |
|------|------|--------|---|---|
| 은 | 포장재 | 종이 | → | |
| 실험실 | 유리그릇 | 원통 | → | |

---

**짧은 글짓기**

주어진 낱말을 이용하여 보기 와 같은 형식으로 짧은 글을 지어 보세요.

> **보기**  누가 + 언제 + 무엇을 + 할까?

| 렌즈 | |
|------|---|
| 은박지 | |
| 실제 | |

# 낱말 쌈 싸 먹기

알쏭달쏭 헛갈리는 맞춤법, 띄어쓰기, 관용어, 한자어가 이제 한입에 쏙!
**하루에 한 쪽씩 맛있게 냠냠 해치우자!**

**맞춤법**  다음 문장에서 (　) 안의 낱말 중 맞춤법이 맞는 낱말에 ○표 하세요.

체조할 때 ( 가랭이 , 가랑이 )를 너무 넓게 벌리면 안 됩니다.

**띄어쓰기**  주어진 두 문장 중 하나에는 띄어쓰기가 틀린 부분이 있습니다. 둘 중 바르게 띄어쓰기를 한 문장을 찾아서 ○표 하세요.

㉮ 산호초는 **동물 일까? 식물 일까?**　　　㉯ 산호초는 **동물일까? 식물일까?**

**도움말**  다른 말과의 문법적 관계를 표시하거나 그 말의 뜻을 도와주는 조사는 앞말과 붙여 씁니다.

**관용어**  □ 안에 낱말을 넣어서 그림 속 상황과 어울리는 속담이나 격언 등을 만들어 보세요.

□친 데 □치다

**한자어**  글의 의미에 맞게 □ 안에 들어갈 알맞은 사자성어를 **보기** 에서 찾아 써 보세요.

소설 삼국지의 영웅들은 천하를 놓고 □□□□의 전쟁을 치렀다.

**보기** · 장삼이사(張三李四)　· 건곤일척(乾坤一擲)　· 사필귀정(事必歸正)

# 가로·세로 낱말 만들기

 주어진 글자를 연결하여 **03** 회에 공부한 낱말을 만들어 보세요.

|  |  |  |  |  |  |  |  |
|---|---|---|---|---|---|---|---|
|  |  |  |  |  |  |  |  |
|  |  |  |  |  |  |  |  |
|  |  |  | 오 |  |  |  |  |
|  |  |  | 해 | 수 |  |  |  |
|  |  |  | 라 |  |  |  |  |
|  |  |  |  |  |  |  |  |
|  |  |  |  |  |  |  |  |
|  |  |  |  |  |  |  |  |

| 해 | 크 | 성 | 목 | 스 |
|---|---|---|---|---|
| 플 | 오 | 라 | 용 | 수 |

| ★ 도전 시간 | **1분** |
|---|---|
| ★ 만들 낱말 수 | **4개** |
| ★ 만든 낱말 수 | 개 |

## 그림으로 낱말 찾기

지시선이 가리키는 그림을 보고 사물의 이름이나 행동, 상태 등에 해당하는 낱말을 보기 에서 찾아 □ 안에 쓰세요.

❶ 이름씨

❷ 이름씨

❸ 이름씨

❹ 이름씨

❺ 이름씨

❻ 이름씨

보기 ·배수　·약수　·공배수　·공약수　·타일　·분수　·약분　·통분　·분모　·분자

## 낱말 뜻 알기

□ 안에는 어떤 낱말의 첫 글자가 쓰여 있습니다. 이 첫 글자를 참고하여 □에 알맞은 말을 넣어 낱말 풀이를 완성해 보세요.

❶ **배수** : 어떤 수의 [갑][ ]이 되는 수.

❷ **약수** : 어떤 정수를 [나][ ][ ] 없이 나눌 수 있는 정수를 원래의 수에 대하여 이르는 말.

❸ **공배수** : 둘 이상의 [정][ ] 또는 정식에 공통되는 [배][ ].

❹ **약분** : [분][ ]의 분모와 분자를 [공][ ][ ]로 나누어 간단하게 하는 일.

❺ **통분** : [분][ ]가 다른 둘 이상의 분수나 분수식에서, 분모를 [같][ ] 만듦.

**낱말 친구 사총사**

다음 밑줄 친 낱말의 뜻이 다른 셋과 같지 <u>않은</u> 것은 어느 것인지 번호를 고르세요.

❶ 분자와 분모로 이루어진 수를 **분수**라고 해.

❷ 사람은 **분수**에 맞게 살아야 돼.

❸ 0이 아닌 수를 분모와 분자에 각각 곱하면 크기가 같은 **분수**가 돼.

❹ **분수**를 계산하는 것이 쉽지만은 않아.

**연상되는 낱말 찾기**

다음은 세 낱말을 보고 공통으로 연상되는 낱말을 찾는 문제입니다. 세 낱말과 관련 있는 낱말을 써 보세요.

| 분수 | 공약수 | 나누다 | → | |
|---|---|---|---|---|
| 분모 | 같다 | 곱하다 | → | |
| 수 | 분모 | 분자 | → | |

**짧은 글짓기**

주어진 낱말을 이용하여 **보기** 와 같은 형식으로 짧은 글을 지어 보세요.

**보기**    누가 + 왜 + 무엇을 + 어떻게 했다

| 타일 | |
|---|---|
| 분모 | |
| 분자 | |

## 낱말 쌈 싸 먹기

알쏭달쏭 헛갈리는 맞춤법, 띄어쓰기, 관용어, 한자어가 이제 한입에 쏙!
**하루에 한 쪽씩 맛있게 냠냠 해치우자!**

---

**맞춤법** 다음 문장에서 맞춤법이 <u>틀린</u> 낱말을 찾아 바르게 고쳐 써 보세요.

건너편에 앉아서 나물을 씻는 우리 누나 손등을 간지려 주어라.　( 　　　　　 ) → ( 　　　　　 )

---

**띄어쓰기** 주어진 두 문장 중 하나에는 띄어쓰기가 틀린 부분이 있습니다. 둘 중 바르게 띄어쓰기를 한 문장을 찾아서 ○표 하세요.

㉮ 충분히 **자는 것**은 매우 중요해요.　　　　㉯ 충분히 **자는것**은 매우 중요해요.

**도움말** 뒷말을 꾸며 주는 낱말은 띄어 씁니다.

---

**관용어** □ 안에 낱말을 넣어서 그림 속 상황과 어울리는 속담이나 격언 등을 만들어 보세요.

삼촌! 동네 김밥집 할머니께서 큰 건물을 사셨대요.

새벽부터 나오셔서 그렇게 고생하시더니 잘되셨구나.

□□ 끝에 낙이 있다

---

**한자어** 글의 의미에 맞게 □ 안에 들어갈 알맞은 한자어를 **보기** 에서 찾아 써 보세요.

현대 □□ 생활에서 □□(은)는 사람 몸의 핏줄과 같다.

**보기** ・政治　　・經濟　　・技術　　・貨幣

---

# 가로·세로 **낱말** 만들기

 주어진 글자를 연결하여 **04** 회에 공부한 낱말을 만들어 보세요.

|  |  |  |  |  |  |  |  |
|---|---|---|---|---|---|---|---|
|  |  |  |  |  |  |  |  |
|  |  |  |  |  |  |  |  |
|  |  |  |  |  |  |  |  |
|  |  |  |  | 수 |  |  |  |
|  |  |  |  | 타 |  |  |  |
|  |  |  |  |  |  |  |  |
|  |  |  |  |  |  |  |  |
|  |  |  |  |  |  |  |  |

| 수 | 팔 | 통 | 규 | 일 |
|---|---|---|---|---|
| 모 | 배 | 타 | 분 | 공 |

★ 도전 시간 | **1분**

★ 만들 낱말 수 | **6개**

★ 만든 낱말 수 | **개**

## 낱말은 쏙쏙! 생각은 쑥쑥!

### 그림으로 낱말 찾기

지시선이 가리키는 그림을 보고 사물의 이름이나 행동, 상태 등에 해당하는 낱말을
보기 에서 찾아 □ 안에 쓰세요.

① 움직씨

② 움직씨

③ 그림씨

④ 이름씨

⑤ 이름씨

보기  · 정직하다  · 시선  · 위로  · 칭찬  · 절제하다  · 총명  · 은공  · 황금기  · 결심하다  · 구두쇠

### 낱말 뜻 알기

□ 안에는 어떤 낱말의 첫 글자가 쓰여 있습니다. 이 첫 글자를 참고하여 □에 알
맞은 말을 넣어 낱말 풀이를 완성해 보세요.

① **절제** : 정도에 넘지 아니하도록 알맞게 조□ 하여 제□ 함.

② **총명** : 매우 영□ 하고 재□ 가 있음.

③ **은공** : 은□ 와 공□ 를 아울러 이르는 말.

④ **황금기** : 절□ 에 올라 가장 좋은 시□ .

⑤ **구두쇠** : 돈이나 재□ 따위를 쓰는 데에 몹시 인□ 한 사람.

**낱말 친구 사총사**

다음 보기의 글에서 밑줄 친 말이 뜻하는 것을 올바르게 말하고 있는 친구는 누구인지 고르세요.

> **보기** 지하철에서 통화를 너무 크게 하면 주위의 **따가운 시선**을 받게 된다.

① 너무나 신기해서 눈이 동그랗게 변하는 거야.

② 부러움을 느끼고 감격했다는 거지.

③ 눈자위의 온도가 따뜻하게 올라갔다는 뜻이야.

④ 몹시 미워서 눈살을 찌푸리는 모양이야.

**연상되는 낱말 찾기**

다음은 세 낱말을 보고 공통으로 연상되는 낱말을 찾는 문제입니다. 세 낱말과 관련 있는 낱말을 써 보세요.

| 양심 | 올곧다 | 착하다 | → | |
|------|--------|--------|---|---|
| 실패 | 다독이다 | 격려 | → | |
| 잘한 일 | 박수 | 띄워 주다 | → | |

**짧은 글짓기**

주어진 낱말을 이용하여 보기와 같은 형식으로 짧은 글을 지어 보세요.

> **보기** 누가 + 언제 + 무엇을 + 어떻게 할 것이다

| 정직하다 | |
|----------|---|
| 황금기 | |
| 구두쇠 | |

# 낱말 쌈 싸 먹기

알쏭달쏭 헷갈리는 맞춤법, 띄어쓰기, 관용어, 한자어가 이제 한입에 쏙!
**하루에 한 쪽씩 맛있게 냠냠 해치우자!**

---

**맞춤법** 다음 문장에서 (  ) 안의 낱말 중 맞춤법이 맞는 낱말에 ○표 하세요.

너는 훌륭한 사람이 ( 되어야 , 돼어야 ) 한다.

---

**띄어쓰기** 주어진 두 문장 중 하나에는 띄어쓰기가 틀린 부분이 있습니다. 둘 중 바르게 띄어쓰기를 한 문장을 찾아서 ○표 하세요.

㉮ **나만큼** 높이 뛸 수 있니?  ㉯ **나 만큼** 높이 뛸 수 있니?

**도움말** '만큼'은 비슷한 정도나 한도임을 나타내는 조사입니다.

---

**관용어** □ 안에 낱말을 넣어서 그림 속 상황과 어울리는 속담이나 격언 등을 만들어 보세요.

□ 만 한 □□ 없다

---

**한자어** 글의 의미에 맞게 □ 안에 들어갈 알맞은 사자성어를 **보기**에서 찾아 써 보세요.

□□□□ 하지는 못할망정, 은혜를 원수로 갚아서야 되겠느냐.

**보기** · 결초보은(結草報恩)   · 십시일반(十匙一飯)   · 초근목피(草根木皮)

---

# 가로·세로 낱말 만들기

**06**

 주어진 글자를 연결하여 **05** 회에 공부한 낱말을 만들어 보세요.

|  |  |  |  |  |  |  |  |
|---|---|---|---|---|---|---|---|
|  |  |  |  |  |  |  |  |
|  |  |  |  |  |  |  |  |
|  |  |  |  |  |  |  |  |
|  |  |  | 기 | 구 |  | 명 |  |
|  |  |  |  |  |  | 제 |  |
|  |  |  |  |  |  |  |  |
|  |  |  |  |  |  |  |  |
|  |  |  |  |  |  |  |  |

| 명 | 제 | 기 | 구 | 금 |
|---|---|---|---|---|
| 황 | 두 | 총 | 절 | 쇠 |

★ 도전 시간 | **1분**

★ 만들 낱말 수 | **4개**

★ 만든 낱말 수 | **개**

## 그림으로 낱말 찾기

지시선이 가리키는 그림을 보고 사물의 이름이나 행동, 상태 등에 해당하는 낱말을 **보기** 에서 찾아 ☐ 안에 쓰세요.

**❶ 이름씨**

**❷ 이름씨**

**❸ 이름씨**

**❹ 이름씨**

**❺ 이름씨**

**❻ 움직씨**

**보기**  · 잔손　· 육아　· 재킷　· 마스크　· 벨트　· 배관하다　· 소품　· 필름　· 터널　· 덧소매

## 낱말 뜻 알기

☐ 안에는 어떤 낱말의 첫 글자가 쓰여 있습니다. 이 첫 글자를 참고하여 ☐에 알맞은 말을 넣어 낱말 풀이를 완성해 보세요.

**❶ 육아 :** 어 ☐ ☐ ☐ 를 기 ☐ .

**❷ 마스크 :** 병 ☐ 이나 면 ☐ 따위를 막기 위하여 입과 코를 가리는 물건.

**❸ 배관하다 :** 기 ☐ 나 액체 따위를 다른 곳으로 보내기 위하여 관을 이어 배 ☐ 하다.

**❹ 필름 :** 투 ☐ 물질인 셀룰로이드나 폴리에스테르 따위에 감 ☐ ☐ 를 칠한 물건.

**❺ 터널 :** 산, 바다, 강 따위의 밑을 뚫어 만든 철 ☐ 나 도로 따위의 통 ☐ .

**낱말 친구 사총사**

다음 밑줄 친 낱말의 뜻이 다른 셋과 같지 <u>않은</u> 것은 어느 것인지 번호를 고르세요.

① 겨울철에는 얼굴이 춥지 않게끔 **마스크**를 꼭 써.

② 그 사람은 **마스크**를 쓰고 있어서 얼굴을 알아볼 수 없었어.

③ 너 정도의 **마스크**면 영화배우를 해도 될 거야.

④ 그 **마스크**는 내게 너무 작아서 쓸모가 없어.

**연상되는 낱말 찾기**

다음은 세 낱말을 보고 공통으로 연상되는 낱말을 찾는 문제입니다. 세 낱말과 관련 있는 낱말을 써 보세요.

| 일 | 수차례 | 번거롭다 | → | |
|---|---|---|---|---|
| 아기 | 엄마 | 기르다 | → | |
| 웃옷 | 지퍼 | 작업복 | → | |

**짧은 글짓기**

주어진 낱말을 이용하여 보기 와 같은 형식으로 짧은 글을 지어 보세요.

**보기**　누가 + 어디서 + 무엇을 + 어떻게 했다

| 육아 | |
|---|---|
| 마스크 | |
| 배관하다 | |

## 낱말 쌈 싸 먹기

 알쏭달쏭 헷갈리는 맞춤법, 띄어쓰기, 관용어, 한자어가 이제 한입에 쏙!
**하루에 한 쪽씩 맛있게 냠냠 해치우자!**

**맞춤법** 다음 문장에서 맞춤법이 <u>틀린</u> 낱말을 찾아 바르게 고쳐 써 보세요.

동생의 거짓말에 아버지는 대노하셨다.        (            ) → (            )

**띄어쓰기** 주어진 두 문장 중 하나에는 띄어쓰기가 틀린 부분이 있습니다. 둘 중 바르게 띄어쓰기를 한 문장을 찾아서 ○표 하세요.

㉮ 타임머신을 타고 **기원전**으로 가 보고 싶다.        ㉯ 타임머신을 타고 **기원 전**으로 가 보고 싶다.

**도움말** '기원 원 년 이전' 을 뜻하는 한 낱말입니다.

**관용어** □ 안에 낱말을 넣어서 그림 속 상황과 어울리는 속담이나 격언 등을 만들어 보세요.

이제 우리 인기도 예전 같지가 않아.

그렇게 한참 잘나갈 때 열심히 벌어 놓을걸……

□□□도 유월이 한철이다

**한자어** 글의 의미에 맞게 □ 안에 들어갈 알맞은 한자어를 **보기** 에서 찾아 써 보세요.

노래를 부를 때는 박자의 □□ 과 음의 □□ 를 잘 맞춰야 한다.

**보기** · 長短    · 左右    · 黑白    · 高低

# 가로·세로 **낱말** 만들기

 주어진 글자를 연결하여 **06** 회에 공부한 낱말을 만들어 보세요.

|   |   |   |   |   |   |   |   |
|---|---|---|---|---|---|---|---|
|   |   |   |   |   |   |   |   |
|   |   |   |   |   |   |   |   |
|   |   |   |   |   |   |   |   |
|   |   |   | 마 | 소 | 배 | 필 |   |
|   |   |   |   |   |   |   |   |
|   |   |   |   |   |   |   |   |
|   |   |   |   |   |   |   |   |
|   |   |   |   |   |   |   |   |

| 필 | 소 | 크 | 관 | 매 |
|---|---|---|---|---|
| 스 | 배 | 름 | 덧 | 마 |

| ★ 도전 시간 | **1분** |
|---|---|
| ★ 만들 낱말 수 | **4개** |
| ★ 만든 낱말 수 | 개 |

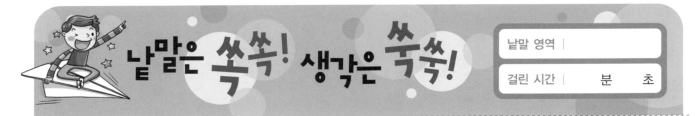

낱말 영역 |

걸린 시간 |      분      초

 **그림으로 낱말 찾기**

지시선이 가리키는 그림을 보고 사물의 이름이나 행동, 상태 등에 해당하는 낱말을 보기 에서 찾아 ☐ 안에 쓰세요.

❶ 움직씨

❷ 이름씨

❸ 이름씨

❹ 이름씨

❺ 이름씨

> 보기 · 공통점 · 폭죽 · 고유어 · 산책로 · 정육점 · 주차하다 · 법정 · 그루터기 · 길라잡이 · 녹음

✏️ **낱말 뜻 알기**

☐ 안에는 어떤 낱말의 첫 글자가 쓰여 있습니다. 이 첫 글자를 참고하여 ☐에 알맞은 말을 넣어 낱말 풀이를 완성해 보세요.

❶ **폭죽** : 불을 지르거나 ☐화☐ 을 재어 터뜨려서 ☐소☐ 가 나게 하는 물건.

❷ **정육점** : 쇠고기, ☐돼☐☐☐ 따위를 파는 ☐가☐.

❸ **법정** : 법적 소송 절차에 따라 송사를 ☐심☐ 하고 ☐판☐ 하는 곳.

❹ **길라잡이** : 길을 ☐인☐ 하는 사람. 길잡이.

❺ **녹음** : ☐푸☐ 잎이 우거진 나무나 수풀. 또는 그 나무의 ☐그☐.

**낱말 친구 사총사**

다음 밑줄 친 낱말 중 다른 셋을 포함하는 큰 말에 해당하는 낱말을 고르세요.

❶  **꽃밭**에는 장미, 백합 등이 자라고 있어.

❷  **나무**마다 탐스러운 과일이 주렁주렁 매달려 있어.

❸  우리 엄마는 **놀이기구** 타는 걸 너무 무서워해.

❹  우리 집 뒤편에는 유명한 **공원**이 있어.

**연상되는 낱말 찾기**

다음은 세 낱말을 보고 공통으로 연상되는 낱말을 찾는 문제입니다. 세 낱말과 관련 있는 낱말을 써 보세요.

| 같다 | 일치 | 유사 | → | |
|------|------|------|---|---|
| 자동차 | 구역 | 정렬 | → | |
| 나무 | 의자 | 밑동 | → | |

**짧은 글짓기**

주어진 낱말을 이용하여 **보기** 와 같은 형식으로 짧은 글을 지어 보세요.

> **보기**　누구야 + 언제 + 무엇을 + 어떻게 할래?

| 폭죽 | |
|------|---|
| 고유어 | |
| 길라잡이 | |

# 낱말 쌈 싸 먹기

알쏭달쏭 헷갈리는 맞춤법, 띄어쓰기, 관용어, 한자어가 이제 한입에 쏙!
**하루에 한 쪽씩 맛있게 냠냠 해치우자!**

---

**맞춤법** 다음 문장에서 ( ) 안의 낱말 중 맞춤법이 맞는 낱말에 ○표 하세요.

빨간 공의 ( 개수 , 갯수 )를 잘 세어 보세요.

---

**띄어쓰기** 주어진 두 문장 중 하나에는 띄어쓰기가 틀린 부분이 있습니다. 둘 중 바르게 띄어쓰기를 한 문장을 찾아서 ○표 하세요.

㉮ **맨발**로 다니면 위험합니다.　　　　　㉯ **맨 발**로 다니면 위험합니다.

**도움말** '아무것도 신지 아니한 발'을 뜻하는 한 낱말입니다.

---

**관용어** □ 안에 낱말을 넣어서 그림 속 상황과 어울리는 속담이나 격언 등을 만들어 보세요.

□□ 덕분에
나발 분다

---

**한자어** 글의 의미에 맞게 □ 안에 들어갈 알맞은 사자성어를 **보기** 에서 찾아 써 보세요.

친구를 사귈 때는 □□□□ 의 의미를 생각해 봐.

**보기**　· 가가호호(家家戶戶)　　· 관포지교(管鮑之交)　　· 여리박빙(如履薄氷)

---

# 가로·세로 낱말 만들기

08

 주어진 글자를 연결하여 **07** 회에 공부한 낱말을 만들어 보세요.

|  |  |  |  |  |  |  |  |
|---|---|---|---|---|---|---|---|
|  |  |  |  |  |  |  |  |
|  |  |  |  |  |  |  |  |
|  |  |  |  |  |  |  |  |
|  |  |  |  |  | 이 | 주 |  |
|  |  |  |  | 음 |  |  |  |
|  |  |  |  | 정 |  |  |  |
|  |  |  |  |  |  |  |  |
|  |  |  |  |  |  |  |  |

| 이 | 정 | 음 | 길 | 녹 |
|---|---|---|---|---|
| 주 | 라 | 차 | 법 | 잡 |

★ 도전 시간 | **1분**

★ 만들 낱말 수 | **4개**

★ 만든 낱말 수 | **개**

낱말 영역 |

걸린 시간 | 　　분　　초

### 그림으로 낱말 찾기

지시선이 가리키는 그림을 보고 사물의 이름이나 행동, 상태 등에 해당하는 낱말을 **보기** 에서 찾아 ☐ 안에 쓰세요.

❶ 이름씨

❷ 이름씨

❸ 이름씨

❹ 움직씨

❺ 이름씨

**보기** ・인구　・분지　・발효　・폐광　・유기농　・예보하다　・태풍　・산성비　・열대야　・깃대종

### 낱말 뜻 알기

☐ 안에는 어떤 낱말의 첫 글자가 쓰여 있습니다. 이 첫 글자를 참고하여 ☐에 알맞은 말을 넣어 낱말 풀이를 완성해 보세요.

❶ **인구** : 일정한 지☐☐에 사는 사☐☐의 수.

❷ **발효** : 효모나 세☐☐ 등의 미생물이 탄수화물을 분☐☐하여 에너지를 얻는 작용.

❸ **폐광** : 광☐☐에서 광☐☐을 캐내는 일을 중지함.

❹ **유기농** : 화학 비☐☐나 농☐☐을 쓰지 아니하고 유기물을 이용하는 농업 방식.

❺ **깃대종** : 특정 지☐☐을 대☐☐하는 동식물의 종류.

**낱말 친구 사총사**

다음 밑줄 친 낱말의 뜻이 다른 셋과 같지 <u>않은</u> 것은 어느 것인지 번호를 고르세요.

 ❶ 우유를 **발효**하면 맛있는 치즈가 만들어지지.

 ❷ 오늘부터 남해안에 호우주의보가 **발효**되었다네.

 ❸ 김치는 우리나라를 대표하는 **발효** 음식이야.

 ❹ 미생물은 **발효**를 통해 이로움을 주기도 해.

**연상되는 낱말 찾기**

다음은 세 낱말을 보고 공통으로 연상되는 낱말을 찾는 문제입니다. 세 낱말과 관련 있는 낱말을 써 보세요.

| 날씨 | 기상청 | 알리다 | → |  |
| 적도 | 집중 호우 | 강풍 | → |  |
| 여름밤 | 고온 | 불면 | → |  |

**짧은 글짓기**

주어진 낱말을 이용하여 **보기** 와 같은 형식으로 짧은 글을 지어 보세요.

**보기** 누가 + 어디서 + 무엇을 + 어떻게 할 것이다

| 분지 |  |
| 유기농 |  |
| 산성비 |  |

**맞춤법** ─ 다음 문장에서 맞춤법이 <u>틀린</u> 낱말을 찾아 바르게 고쳐 써 보세요.

커서 어떤 이름으로 불리우길 원하니?　　( 　　　　　 ) → ( 　　　　　 )

**띄어쓰기** ─ 주어진 두 문장 중 하나에는 띄어쓰기가 틀린 부분이 있습니다. 둘 중 바르게 띄어쓰기를 한 문장을 찾아서 ○표 하세요.

㉮ 그런 **너 야말로** 반성해야지.　　　　㉯ 그런 **너야말로** 반성해야지.

도움말 '야말로'는 조사입니다.

**관용어** ─ □ 안에 낱말을 넣어서 그림 속 상황과 어울리는 속담이나 격언 등을 만들어 보세요.

아니, 너는 우리 스승을 감옥에 가둔 자가 아니더냐? 이런 곳에서 만나다니……

너야말로 내 동생을 불구로 만든 원수, 덤벼라.

원수는 □□□□□에서 만난다

**한자어** ─ 글의 의미에 맞게 □ 안에 들어갈 알맞은 한자어를 보기 에서 찾아 써 보세요.

동생이 감기에 걸려 □□로 밤새 고생하다가 오늘 □□에 갔어.

보기 ・高熱　　・商店　　・病院　　・低溫

# 가로·세로 낱말 만들기

 주어진 글자를 연결하여 **08** 회에 공부한 낱말을 만들어 보세요.

|  |  |  |  |  |  |  |  |
|---|---|---|---|---|---|---|---|
|  |  |  |  |  |  |  |  |
|  |  |  |  |  |  |  |  |
|  |  |  | 발 |  |  |  |  |
|  |  |  | 광 |  |  |  |  |
|  |  | 기 |  |  |  |  |  |
|  |  | 대 |  |  |  |  |  |
|  |  |  |  |  |  |  |  |
|  |  |  |  |  |  |  |  |

| 기 | 효 | 대 | 폐 | 농 |
|---|---|---|---|---|
| 깃 | 유 | 광 | 발 | 종 |

| ★ 도전 시간 | **1분** |
|---|---|
| ★ 만들 낱말 수 | **4개** |
| ★ 만든 낱말 수 | 개 |

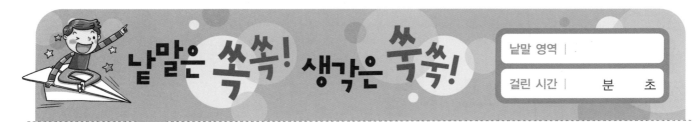

### 그림으로 낱말 찾기

지시선이 가리키는 그림을 보고 사물의 이름이나 행동, 상태 등에 해당하는 낱말을 보기 에서 찾아 □ 안에 쓰세요.

❶ 이름씨

❷ 이름씨

❸ 이름씨

❹ 이름씨

❺ 이름씨

하루 동안의 최고 기온과 최저 기온의 차, 즉 ○○○가 크면 어떤 식물의 경우 성장에 좋지 않습니다.

보기 ・기온　・시각　・일교차　・예보　・지면　・수면　・경주　・속력　・암꽃　・수꽃

---

### 낱말 뜻 알기

□ 안에는 어떤 낱말의 첫 글자가 쓰여 있습니다. 이 첫 글자를 참고하여 □에 알맞은 말을 넣어 낱말 풀이를 완성해 보세요.

❶ **기온** : 대기(大氣)의 온□□.

❷ **시각** : 시□□의 어느 한 시□.

❸ **일교차** : 하루 중의 최□□ 기온과 최□□ 기온의 차.

❹ **예보** : 앞으로 일어날 일을 미□ 알림. 또는 그런 보□.

❺ **경주** : 사람, 동물, 차량 따위가 일정한 거□를 달려 빠□□□를 겨루는 일.

❻ **속력** : 속□의 크□. 또는 속도를 이루는 힘.

**낱말 친구 사총사**

다음 밑줄 친 낱말 중 다른 셋을 포함하는 <u>큰 말</u>에 해당하는 낱말을 고르세요.

❶
**태풍**으로 인해 가로수가 넘어졌다는군.

❷
**강수량**이 많으면 가뭄에 도움이 돼.

❸
미리 **일기예보**를 듣고 외출 준비를 해야지.

❹
오늘 최고 **기온**은 32도라 무척 더워.

**연상되는 낱말 찾기**

다음은 세 낱말을 보고 공통으로 연상되는 낱말을 찾는 문제입니다. 세 낱말과 관련 있는 낱말을 써 보세요.

| 땅 | 바닥 | 지상 | ⟶ | |
|---|---|---|---|---|
| 물 | 겉면 | 비치다 | ⟶ | |
| 시합 | 달리기 | 승부 | ⟶ | |

**짧은 글짓기**

주어진 낱말을 이용하여 보기 와 같은 형식으로 짧은 글을 지어 보세요.

보기  언제 + 왜 + 무엇을 + 어떻게 해야 한다

| 기온 | |
|---|---|
| 시각 | |
| 속력 | |

# 낱말 쌈 싸 먹기

알쏭달쏭 헛갈리는 맞춤법, 띄어쓰기, 관용어, 한자어가 이제 한입에 쏙!
**하루에 한 쪽씩 맛있게 냠냠 해치우자!**

**맞춤법** 다음 문장에서 ( ) 안의 낱말 중 맞춤법이 맞는 낱말에 ○표 하세요.

장기 자랑에 대한 의견은 ( 게시판 , 계시판 )에 올려 주세요.

**띄어쓰기** 주어진 두 문장 중 하나에는 띄어쓰기가 틀린 부분이 있습니다. 둘 중 바르게 띄어쓰기를 한 문장을 찾아서 ○표 하세요.

**㉮** 그는 **선수 겸** 코치로 뛰고 있다.

**㉯** 그는 **선수겸** 코치로 뛰고 있다.

**도움말** 의미가 형식적이어서 다른 말 아래에 기대어 쓰이는 의존명사는 앞말과 띄어 씁니다.

**관용어** □ 안에 낱말을 넣어서 그림 속 상황과 어울리는 속담이나 격언 등을 만들어 보세요.

개같이 벌어서
□□같이 산다

**한자어** 글의 의미에 맞게 □ 안에 들어갈 알맞은 사자성어를 **보기** 에서 찾아 써 보세요.

구구단도 못 외던 민수가 분수 문제를 푸는 것을 보니 정말 □□□□했구나.

**보기** · 조삼모사(朝三暮四)　　· 괄목상대(刮目相對)　　· 호연지기(浩然之氣)

# 가로·세로 낱말 만들기

 주어진 글자를 연결하여 **09** 회에 공부한 낱말을 만들어 보세요.

|  |  |  |  |  |  |  |  |
|---|---|---|---|---|---|---|---|
|  |  |  |  |  |  |  |  |
|  |  |  |  |  |  |  |  |
|  |  |  |  | 수 | 예 |  |  |
|  |  |  | 지 |  |  |  |  |
|  |  |  | 속 |  |  |  |  |
|  |  |  |  |  |  |  |  |
|  |  |  |  |  |  |  |  |
|  |  |  |  |  |  |  |  |

| 수 | 교 | 면 | 예 | 차 |
|---|---|---|---|---|
| 보 | 력 | 지 | 일 | 속 |

★ 도전 시간 | **1분**

★ 만들 낱말 수 | **5개**

★ 만든 낱말 수 |   개

**그림으로 낱말 찾기**

지시선이 가리키는 그림을 보고 사물의 이름이나 행동, 상태 등에 해당하는 낱말을 보기 에서 찾아 □ 안에 쓰세요.

❶ 이름씨

❷ 이름씨

❸ 이름씨

❹ 이름씨

❺ 어찌씨

❻ 움직씨

행복

이 아이들이 孝子 孝女여.

보기 · 신분증 · 파출소 · 마법 · 명심 · 근심스레 · 흉 · 효자 · 효녀 · 양로원 · 두리번대다

**낱말 뜻 알기**

□ 안에는 어떤 낱말의 첫 글자가 쓰여 있습니다. 이 첫 글자를 참고하여 □에 알맞은 말을 넣어 낱말 풀이를 완성해 보세요.

❶ **신분증** : 관청이나 회사, 학교 등에서 각기 소☐ 된 사람임을 증☐ 하는 문서.

❷ **마법** : 마력(魔力)으로 불☐☐☐ 한 일을 행하는 술법.

❸ **명심** : 잊지 않도록 마☐에 깊☐ 새겨 둠.

❹ **근심스레** : 보기에 마☐이 놓이지 않아 ☐을 태우는 데가 있게.

❺ **흉** : 남에게 비☐☐을 살 만한 거☐.

다음 보기 의 글에서 밑줄 친 말이 뜻하는 것을 올바르게 말하고 있는 친구는 누구인지 고르세요.

> 보기  오늘 학교에서 시험을 보는데 **마법에 걸린 듯** 문제가 풀리는 거야.

❶ 갑자기 힘이 세지고 머리가 좋아졌다는 뜻이야.

❷ 마술을 배울 때 무척 힘들었다는 뜻이야.

❸ 정신을 차릴 수 없다는 뜻이야.

❹ 뜻하지 않았는데 너무나 쉽게 되었다는 뜻이야.

다음은 세 낱말을 보고 공통으로 연상되는 낱말을 찾는 문제입니다. 세 낱말과 관련 있는 낱말을 써 보세요.

| 경찰 | 동네 | 치안 | → | |
|---|---|---|---|---|
| 걱정 | 마음 | 우울 | → | |
| 할아버지 | 할머니 | 보호 시설 | → | |

주어진 낱말을 이용하여 보기 와 같은 형식으로 짧은 글을 지어 보세요.

> 보기  누가 + 언제 + 어디서 + 무엇을 + 어떻게 했다

| 신분증 | |
|---|---|
| 흉 | |
| 효자 | |

# 낱말 쌈 싸 먹기

알쏭달쏭 헷갈리는 맞춤법, 띄어쓰기, 관용어, 한자어가 이제 한입에 쏙!
**하루에 한 쪽씩 맛있게 냠냠 해치우자!**

**맞춤법** 다음 문장에서 맞춤법이 <u>틀린</u> 낱말을 찾아 바르게 고쳐 써 보세요.

내가 어딜 가던지 상관하지 말아 주세요.     (       ) → (       )

**띄어쓰기** 주어진 두 문장 중 하나에는 띄어쓰기가 틀린 부분이 있습니다. 둘 중 바르게 띄어쓰기를 한 문장을 찾아서 ○표 하세요.

㉮ 오늘 일을 **점심 전**까지 끝낼 수 있니?        ㉯ 오늘 일을 **점심전**까지 끝낼 수 있니?

**도움말** '전'은 '이전'의 뜻을 가진 독립적인 낱말입니다.

**관용어** ☐ 안에 낱말을 넣어서 그림 속 상황과 어울리는 속담이나 격언 등을 만들어 보세요.

고생 많이 하셨으니 이제 하늘나라에서 편히 쉬시겠지요.

그래도 죽는 것보다 고생스럽더라도 사는 게 좋지 않겠나.

☐☐☐에 굴러도
☐☐이 좋다

**한자어** 글의 의미에 맞게 ☐ 안에 들어갈 알맞은 한자어를 **보기**에서 찾아 써 보세요.

나는 어제 이모의 ☐☐식에 가서 ☐☐를 불렀어.

**보기** ・祝歌    ・結婚    ・離婚    ・校歌

# 가로·세로 낱말 만들기

 주어진 글자를 연결하여 ⑩ 회에 공부한 낱말을 만들어 보세요.

|  |  |  |  |  |  |  |  |
|---|---|---|---|---|---|---|---|
|  |  |  |  |  |  |  |  |
|  |  |  |  |  |  |  |  |
|  |  |  | 신 | 원 |  |  |  |
|  |  |  |  |  |  |  |  |
|  |  |  |  | 명 | 마 |  |  |
|  |  |  |  |  |  |  |  |
|  |  |  |  |  |  |  |  |
|  |  |  |  |  |  |  |  |

| 원 | 분 | 심 | 마 | 명 |
|---|---|---|---|---|
| 증 | 법 | 양 | 신 | 로 |

| ★ 도전 시간 | 1분 |
|---|---|
| ★ 만들 낱말 수 | 4개 |
| ★ 만든 낱말 수 | 개 |

# 낱말은 쏙쏙! 생각은 쑥쑥!

낱말 영역 |

걸린 시간 | 　분　　초

**그림으로 낱말 찾기**

지시선이 가리키는 그림을 보고 사물의 이름이나 행동, 상태 등에 해당하는 낱말을 **보기** 에서 찾아 □ 안에 쓰세요.

**❶ 움직씨**

**❷ 이름씨**

**❸ 이름씨**

**❹ 이름씨**

**❺ 이름씨**

**보기** • 스테인리스 • 코팅 • 스티로폼 • 화초 • 알뿌리 • 알로에 • 모종 • 재배하다 • 온상 • 탈지면

**낱말 뜻 알기**

□ 안에는 어떤 낱말의 첫 글자가 쓰여 있습니다. 이 첫 글자를 참고하여 □에 알맞은 말을 넣어 낱말 풀이를 완성해 보세요.

**❶ 코팅** : 물체의 겉 □ 을 수 □ 따위의 엷은 막으로 입히는 일.

**❷ 스티로폼** : '발포 스타이렌 수 □ '를 일상적으로 이르는 말. 상품명에서 유 □ 했다.

**❸ 알뿌리** : 식물체의 일부인 뿌리나 줄기 또는 잎 따위가 달 □ 모양으로 비대하여 양 □ 을 저장한 것.

**❹ 재배** : 식 □ 을 심어서 가 □ .

**❺ 탈지면** : 불 □ 이나 지방 따위를 제거하고 소독한 솜. 외과 치 □ 에 쓰인다.

다음 밑줄 친 낱말의 뜻이 다른 셋과 같지 <u>않은</u> 것은 어느 것인지 번호를 고르세요.

❶
어린 **모종**은 조심스럽게 보살펴 줘야 돼.

❷
아무래도 두 사람이 **모종**의 계책을 꾸민 것 같아.

❸
이 **모종**은 너무 약해서 살기가 힘들겠어.

❹
**모종**의 색이 누르스름한 것이 불량 같은데……

연상되는 낱말 찾기

다음은 세 낱말을 보고 공통으로 연상되는 낱말을 찾는 문제입니다. 세 낱말과 관련 있는 낱말을 써 보세요.

| 합금 | 강철 | 내식성(耐蝕性) | → | |
|---|---|---|---|---|
| 식물 | 화초 | 키우다 | → | |
| 솜 | 상처 | 치료 | → | |

짧은 글짓기

주어진 낱말을 이용하여 보기 와 같은 형식으로 짧은 글을 지어 보세요.

보기　　누가 + 언제 + 왜 + 무엇을 + 해야겠다

| 코팅 | |
|---|---|
| 화초 | |
| 온상 | |

## 낱말 쌈 싸 먹기

알쏭달쏭 헷갈리는 맞춤법, 띄어쓰기, 관용어, 한자어가 이제 한입에 쏙!
**하루에 한 쪽씩 맛있게 냠냠 해치우자!**

**맞춤법** 다음 문장에서 ( ) 안의 낱말 중 맞춤법이 맞는 낱말에 ○표 하세요.

( 누각 , 루각 )에 오르니 기분이 정말 상쾌하구나.

**띄어쓰기** 주어진 두 문장 중 하나에는 띄어쓰기가 틀린 부분이 있습니다. 둘 중 바르게 띄어쓰기를 한 문장을 찾아서 ○표 하세요.

㉮ 감기를 **순 우리말**로 고뿔이라고 합니다.

㉯ 감기를 **순우리말**로 고뿔이라고 합니다.

**도움말** '순'은 뒷말을 꾸며 주는 낱말입니다.

**관용어** □ 안에 낱말을 넣어서 그림 속 상황과 어울리는 속담이나 격언 등을 만들어 보세요.

□□ 겉핥기

**한자어** 글의 의미에 맞게 □ 안에 들어갈 알맞은 사자성어를 **보기**에서 찾아 써 보세요.

착한 흥부가 복을 받고, 제 욕심만 차린 놀부가 벌을 받는 것은 □□□□의 좋은 예다.

**보기** • 파죽지세(破竹之勢) • 권선징악(勸善懲惡) • 의기양양(意氣揚揚)

# 가로·세로 낱말 만들기

 주어진 글자를 연결하여 ⑪ 회에 공부한 낱말을 만들어 보세요.

|  |  |  |  |  |  |  |  |
|---|---|---|---|---|---|---|---|
|  |  |  |  |  |  |  |  |
|  |  |  |  |  |  |  |  |
|  |  |  |  |  |  |  |  |
|  |  |  |  | 알 | 음 | 지 |  |
|  |  |  |  |  |  |  |  |
|  |  |  |  |  |  |  |  |
|  |  |  |  |  |  |  |  |
|  |  |  |  |  |  |  |  |

| 지 | 음 | 로 | 에 | 스 |
|---|---|---|---|---|
| 티 | 알 | 면 | 폼 | 탈 |

★ 도전 시간 | **1분**

★ 만들 낱말 수 | **3개**

★ 만든 낱말 수 | 개

# 낱말은 쏙쏙! 생각은 쑥쑥!

낱말 영역 |

걸린 시간 |      분      초

## 그림으로 낱말 찾기

지시선이 가리키는 그림을 보고 사물의 이름이나 행동, 상태 등에 해당하는 낱말을 보기 에서 찾아 □ 안에 쓰세요.

**❸ 이름씨**

**❶ 움직씨**

**❹ 이름씨**

**❷ 이름씨**

**❺ 이름씨**

보기  · 감동  · 유혹하다  · 광채  · 단념  · 파수꾼  · 시늉  · 응어리  · 옹알이  · 광고  · 야생마

## 낱말 뜻 알기

□ 안에는 어떤 낱말의 첫 글자가 쓰여 있습니다. 이 첫 글자를 참고하여 □에 알맞은 말을 넣어 낱말 풀이를 완성해 보세요.

**❶ 광채 :** 아 □ 답고 찬 □ 한 빛.

**❷ 단념 :** 품었던 생 □ 을 아주 끊어 버 □ .

**❸ 파수꾼 :** 경 □ 하여 지키는 일을 하는 사 □ .

**❹ 응어리 :** 가 □ 속에 쌓여 있는 한이나 불 □ 따위의 감정.

**❺ 옹알이 :** 아직 말을 못하는 어 □ □ □ 가 혼자 입 □ □ 처럼 자꾸 소리를 내는 짓.

**❻ 광고 :** 세 □ 에 널리 알 □ . 또는 그런 일.

 **낱말 친구 사총사**

다음 밑줄 친 낱말의 뜻이 다른 셋과 같지 <u>않은</u> 것은 어느 것인지 번호를 고르세요.

 ❶ 길 가다 넘어진 자리에 **응어리**가 생겼어.

 ❷ 지난번 시험을 망친 것이 마음속에 **응어리**로 남을 것 같아.

 ❸ 진심어린 사과를 받아서 그동안 쌓인 **응어리**가 다 풀렸어.

 ❹ 가슴에 맺힌 **응어리** 때문에 병이 생길 수도 있어.

 **연상되는 낱말 찾기**

다음은 세 낱말을 보고 공통으로 연상되는 낱말을 찾는 문제입니다. 세 낱말과 관련 있는 낱말을 써 보세요.

| 적 | 침입 | 망보기 | → | |
|---|---|---|---|---|
| 아기 | 말 | 소리 | → | |
| 상품 | 매체 | 홍보 | → | |

 **짧은 글짓기**

주어진 낱말을 이용하여 보기 와 같은 형식으로 짧은 글을 지어 보세요.

**보기** 누가 + 어디서 + 왜 + 무엇을 + 어떻게 한다

| 유혹 | |
|---|---|
| 단념 | |
| 시늉 | |

# 낱말 쌈 싸 먹기

알쏭달쏭 헷갈리는 맞춤법, 띄어쓰기, 관용어,
한자어가 이제 한입에 쏙!
**하루에 한 쪽씩 맛있게 냠냠 해치우자!**

---

**맞춤법** ── 다음 문장에서 맞춤법이 <u>틀린</u> 낱말을 찾아 바르게 고쳐 써 보세요.

소금장이가 물 위에 떠 있는 것을 보면 참 신기해.　　( 　　　　 ) → ( 　　　　 )

---

**띄어쓰기** 주어진 두 문장 중 하나에는 띄어쓰기가 틀린 부분이 있습니다. 둘 중 바르게 띄어쓰기를 한
문장을 찾아서 ○표 하세요.

㉮ 대전, **청주등지**에서 올라온 분들이에요.　　　　㉯ 대전, **청주 등지**에서 올라온 분들이에요.

(도움말) '등지'는 지명 뒤에 쓰이는 의존명사입니다.

---

**관용어** ── □ 안에 낱말을 넣어서 그림 속 상황과 어울리는 속담이나 격언 등을 만들어 보세요.

바보 온달이 요즘 활을 쏜다고 하네요.

허허, 그러게요, 바보라도 잘하는 게 있는가 봐요.

□□□도 구르는
□□가 있다

---

**한자어** ── 글의 의미에 맞게 □ 안에 들어갈 알맞은 한자어를 (보기) 에서 찾아 써 보세요.

적의 □□이 격렬해질수록 □□하는 시민들의 의지도 커져 갔다.

(보기)　· 攻擊　　· 守備　　· 投降　　· 抗拒

**13**

# 가로·세로 낱말 만들기

 주어진 글자를 연결하여 **12** 회에 공부한 낱말을 만들어 보세요.

|  |  |  |  |  |  |  |  |
|---|---|---|---|---|---|---|---|
|  |  |  |  |  |  |  |  |
|  |  |  |  |  |  |  |  |
|  |  |  | 단 |  |  |  |  |
|  |  |  | 수 |  |  |  |  |
| 응 |  |  |  |  |  |  |  |
| 시 |  |  |  |  |  |  |  |
|  |  |  |  |  |  |  |  |
|  |  |  |  |  |  |  |  |

| 리 | 단 | 파 | 념 | 시 |
|---|---|---|---|---|
| 수 | 응 | 늠 | 어 | 꾼 |

| ★ 도전 시간 | **1분** |
|---|---|
| ★ 만들 낱말 수 | **4개** |
| ★ 만든 낱말 수 | 개 |

## 낱말은 쏙쏙! 생각은 쑥쑥!

| 낱말 영역 | |
| --- | --- |
| 걸린 시간 | 분     초 |

**그림으로 낱말 찾기**

지시선이 가리키는 그림을 보고 사물의 이름이나 행동, 상태 등에 해당하는 낱말을 **보기** 에서 찾아 ☐ 안에 쓰세요.

**❶ 이름씨**

**❷ 이름씨**

**❸ 이름씨**

**❹ 이름씨**

**❺ 이름씨**

**보기** ·도시  ·촌락  ·수송  ·산업화  ·수도권  ·특산물  ·삼림욕  ·생산성  ·직거래  ·관광

**낱말 뜻 알기**

☐ 안에는 어떤 낱말의 첫 글자가 쓰여 있습니다. 이 첫 글자를 참고하여 ☐에 알맞은 말을 넣어 낱말 풀이를 완성해 보세요.

❶ **수송** : 기차나 자동차, 배, 항공기 따위로 [사][ ]이나 [물][ ]을 실어 옮김.

❷ **산업화** : 생산 활동의 [분][ ]화와 [기][ ]화로 2차 · 3차 산업의 비율이 높아지는 현상.

❸ **특산물** : 특정 지역을 [대][ ]하는 [생][ ][ ].

❹ **삼림욕** : 병 치료나 [건][ ]을 위하여 숲에서 [산][ ]하거나 온몸을 드러내고 숲 기운을 쐬는 일.

❺ **생산성** : [토][ ], [자][ ], 노동력 등의 생산 요소가 투입된 양과 그것으로써 만든 생산물 산출량의 비율.

**낱말 친구 사총사**

다음 밑줄 친 낱말의 뜻이 다른 셋과 같지 <u>않은</u> 것은 어느 것인지 번호를 고르세요.

❶ 물을 아끼려면 **수도**꼭지를 잘 잠가야 해.

❷ **수도** 이전을 하면 많은 관공서도 옮겨 갈 거야.

❸ 한강이 오염되지 않아서 **수돗**물도 깨끗해졌어.

❹ **수도**관은 깊게 묻어야 다닐 때 불편하지 않아.

**연상되는 낱말 찾기**

다음은 세 낱말을 보고 공통으로 연상되는 낱말을 찾는 문제입니다. 세 낱말과 관련 있는 낱말을 써 보세요.

| 농촌 | 어촌 | 산촌 | → | |
|------|------|------|---|---|
| 서울특별시 | 경기도 | 밀집 | → | |
| 단체 | 기념사진 | 구경 | → | |

**짧은 글짓기**

주어진 낱말을 이용하여 **보기** 와 같은 형식으로 짧은 글을 지어 보세요.

**보기**　언제 + 어디서 + 왜 + 무엇을 + 어떻게 했다

| 도시 | |
|------|---|
| 산업화 | |
| 직거래 | |

## 낱말 쌈 싸 먹기

알쏭달쏭 헛갈리는 맞춤법, 띄어쓰기, 관용어, 한자어가 이제 한입에 쏙!
**하루에 한 쪽씩 맛있게 냠냠 해치우자!**

---

**맞춤법**  다음 문장에서 (   ) 안의 낱말 중 맞춤법이 맞는 낱말에 ◯표 하세요.

> 너의 ( 곱슬머리 , 꼽슬머리 )는 멋있어.

---

**띄어쓰기**  주어진 두 문장 중 하나에는 띄어쓰기가 틀린 부분이 있습니다. 둘 중 바르게 띄어쓰기를 한 문장을 찾아서 ◯표 하세요.

㉮ 이번 기차를 **놓칠 뻔했다.**

㉯ 이번 기차를 **놓칠뻔했다.**

**도움말**  '뻔'은 의존명사입니다.

---

**관용어**  ☐ 안에 낱말을 넣어서 그림 속 상황과 어울리는 속담이나 격언 등을 만들어 보세요.

괜히 앞에 나설 필요 없어.

그래 맞아, 앞에 나섰다간 무슨 화를 당할지 몰라.

모난 ☐ 이 ☐ 맞는다

---

**한자어**  글의 의미에 맞게 ☐ 안에 들어갈 알맞은 사자성어를 **보기** 에서 찾아 써 보세요.

시험에 떨어진 후 ☐☐☐☐ 하는 마음으로 다시 공부를 시작했다.

**보기**  • 감언이설(甘言利說)    • 사통팔달(四通八達)    • 권토중래(捲土重來)

# 가로·세로 낱말 만들기

14

 주어진 글자를 연결하여 13 회에 공부한 낱말을 만들어 보세요.

| | | | | | | | |
|---|---|---|---|---|---|---|---|
| | | | | | | | |
| | | | | | | | |
| | | | | 광 | | | |
| | | | | 업 | | | |
| | | | 삼 | 촌 | | | |
| | | | | | | | |
| | | | | | | | |
| | | | | | | | |

| 락 | 삼 | 화 | 관 | 산 |
|---|---|---|---|---|
| 업 | 광 | 욕 | 촌 | 림 |

| ★ 도전 시간 | 1분 |
|---|---|
| ★ 만들 낱말 수 | 4개 |
| ★ 만든 낱말 수 | 개 |

# 낱말은 쏙쏙! 생각은 쑥쑥!

낱말 영역 |

걸린 시간 | 　분　　초

**그림으로 낱말 찾기**

지시선이 가리키는 그림을 보고 사물의 이름이나 행동, 상태 등에 해당하는 낱말을 보기 에서 찾아 □ 안에 쓰세요.

① 이름씨

② 이름씨

③ 이름씨

④ 이름씨

⑤ 이름씨

⑥ 이름씨

보기 • 진하기 • 볍씨 • 쭉정이 • 시약 • 결정 • 양분 • 알코올 • 녹말 • 현미경 • 광학

---

**낱말 뜻 알기**

□ 안에는 어떤 낱말의 첫 글자가 쓰여 있습니다. 이 첫 글자를 참고하여 □에 알맞은 말을 넣어 낱말 풀이를 완성해 보세요.

① **진하기** : 용[　] 따위의 진함과 묽음의 정도. 농[　]라고 함.

② **결정** : 원자, 이온, 분자 따위가 일정한 법[　]에 따라 배[　]되고, 외형도 대[　] 관계에 있는 몇 개의 평면으로 둘러싸여 있는 형체.

③ **녹말** : 녹색 식물의 엽[　][　] 안에서 광[　][　]으로 만들어져 뿌리, 줄기, 씨앗 따위에 저장되는 탄[　][　][　].

④ **광학** : 빛의 성[　] 과 현[　] 을 연구하는 학문이며, 물[　][　]의 한 분야임.

68 | 낱말은 쏙쏙! 생각은 쑥쑥!

**낱말 친구 사총사**

다음 밑줄 친 낱말의 뜻이 다른 셋과 같지 <u>않은</u> 것은 어느 것인지 번호를 고르세요.

❶
양 팀 점수를 보니 승패는 이미 **결정**난 거 같아.

❷
모레까지 시간을 줄 테니 반드시 **결정**해야 돼.

❸
자세히 보면 **결정**이 갈라져 있다는 것을 알게 될 거야.

❹
**결정**을 내린 배경이 순수하지 않다는 것은 분명해.

**연상되는 낱말 찾기**

다음은 세 낱말을 보고 공통으로 연상되는 낱말을 찾는 문제입니다. 세 낱말과 관련 있는 낱말을 써 보세요.

| 씨앗 | 벼 | 종묘 | → | |
|------|-----|------|---|---|
| 전분(澱粉) | 탄수화물 | 가루 | → | |
| 확대 | 대물렌즈 | 접안렌즈 | → | |

**짧은 글짓기**

주어진 낱말을 이용하여 <u>보기</u>와 같은 형식으로 짧은 글을 지어 보세요.

> **보기**  누가 + 언제 + 왜 + 무엇을 + 해야만 한다

| 진하기 | |
|--------|---|
| 시약 | |
| 알코올 | |

# 낱말 쌈 싸 먹기

알쏭달쏭 헛갈리는 맞춤법, 띄어쓰기, 관용어, 한자어가 이제 한입에 쏙!
**하루에 한 쪽씩 맛있게 냠냠 해치우자!**

---

**맞춤법** 다음 문장에서 맞춤법이 **틀린** 낱말을 찾아 바르게 고쳐 써 보세요.

개벌에 있는 많은 미생물들이 오염 물질을 분해해 준단다.　( 　　　　　 ) → ( 　　　　　 )

---

**띄어쓰기** 주어진 두 문장 중 하나에는 띄어쓰기가 틀린 부분이 있습니다. 둘 중 바르게 띄어쓰기를 한 문장을 찾아서 ○표 하세요.

㉮ **홍길동 씨**, 아직 안 오셨나요?

㉯ **홍길동씨**, 아직 안 오셨나요?

도움말 '씨'는 호칭어로 의존명사입니다.

---

**관용어** □ 안에 낱말을 넣어서 그림 속 상황과 어울리는 속담이나 격언 등을 만들어 보세요.

> 회사 앞에 새로 문을 연 식당 음식이 괜찮다고 하던데, 언제 한번 갈까?

> 말 나온 김에 오늘 바로 가지 뭐.

□□ 도 단 김에 빼라

---

**한자어** 글의 의미에 맞게 □ 안에 들어갈 알맞은 한자어를 보기 에서 찾아 써 보세요.

국민의 대표자를 뽑는 것은 당연히 누려야 할 □□이자 국민이라면 꼭 해야 할 □□이다.

보기 　• 義務　　• 福祉　　• 權利　　• 正意

---

# 가로·세로 낱말 만들기

15

 주어진 글자를 연결하여 **14** 회에 공부한 낱말을 만들어 보세요.

|  |  |  |  |  |  |  |  |
|---|---|---|---|---|---|---|---|
|  |  |  |  |  |  |  |  |
|  |  |  |  |  |  |  |  |
|  |  |  |  |  | 약 |  |  |
|  |  |  |  |  | 학 |  |  |
|  |  |  |  | 경 |  |  |  |
|  |  |  |  | 정 |  |  |  |
|  |  |  |  |  |  |  |  |
|  |  |  |  |  |  |  |  |

| 정 | 약 | 경 | 학 | 쭉 |
|---|---|---|---|---|
| 미 | 광 | 이 | 현 | 시 |

★ 도전 시간 | **1분**

★ 만들 낱말 수 | **4개**

★ 만든 낱말 수 | **개**

 **그림으로 낱말 찾기**

지시선이 가리키는 그림을 보고 사물의 이름이나 행동, 상태 등에 해당하는 낱말을 보기 에서 찾아 □ 안에 쓰세요.

**❸ 이름씨**

**❶ 이름씨**

**❹ 이름씨**

**❷ 이름씨**

**❺ 이름씨**

보기 • 직육면체 • 꼭짓점 • 겨냥도 • 전개도 • 모눈종이 • 평면 • 제곱 • 밑변 • 둘레 • 넓이

---

**낱말 뜻 알기**

□ 안에는 어떤 낱말의 첫 글자가 쓰여 있습니다. 이 첫 글자를 참고하여 □에 알맞은 말을 넣어 낱말 풀이를 완성해 보세요.

❶ **직육면체** : 직 □ □ □ 여섯 개로 둘러싸인 도형. 마주 보는 세 쌍의 면이 각각 평 □ 함.

❷ **겨냥도** : 입 □ 도형의 모양을 잘 알 수 있게끔 평행 모서리를 평행하게, 보이는 모서리는 실 □ 으로, 보이지 않는 모서리는 점 □ 으로 그린 그림.

❸ **전개도** : 입 □ 도형을 펼쳐서 평 □ 에 그린 그림.

❹ **제곱** : 같 □ 수를 □ 번 곱함. 자승, 평방이라고도 함.

❺ **넓이** : 일정한 평 □ 에 걸쳐 있는 면 □ 의 크기.

**낱말 친구 사총사**

다음 밑줄 친 낱말 중 다른 셋을 포함하는 <u>큰 말</u>에 해당하는 낱말을 고르세요.

❶
입체 도형의 모서리와 모서리가 만나는 점이 **꼭짓점**이야.

❷
플라스틱 상자의 **모서리**는 날카로워서 조심해야 해.

❸
네모난 선물 포장 박스는 **평면** 여섯 개로 이루어졌네.

❹
라면을 넣은 상자는 **직육면체** 모양으로 되어 있어.

**연상되는 낱말 찾기**

다음은 세 낱말을 보고 공통으로 연상되는 낱말을 찾는 문제입니다. 세 낱말과 관련 있는 낱말을 써 보세요.

| 직사각형 | 여섯 | 상자 | ⟶ | |
|---|---|---|---|---|
| 모눈종이 | 그림 | 펼치다 | ⟶ | |
| 가장자리 | 전체 | 길이 | ⟶ | |

**짧은 글짓기**

주어진 낱말을 이용하여 보기 와 같은 형식으로 짧은 글을 지어 보세요.

보기    누가 + 왜 + 무엇을 + 어떻게 했다

| 제곱 | |
|---|---|
| 둘레 | |
| 넓이 | |

# 낱말 쌈 싸 먹기

알쏭달쏭 헛갈리는 맞춤법, 띄어쓰기, 관용어, 한자어가 이제 한입에 쏙!
**하루에 한 쪽씩 맛있게 냠냠 해치우자!**

---

**맞춤법** 다음 문장에서 (   ) 안의 낱말 중 맞춤법이 맞는 낱말에 ○표 하세요.

( 곳간 , 곶간 )에서 인심 난다는 옛말이 틀리지 않네.

---

**띄어쓰기** 주어진 두 문장 중 하나에는 띄어쓰기가 틀린 부분이 있습니다. 둘 중 바르게 띄어쓰기를 한 문장을 찾아서 ○표 하세요.

㉮ 이 도로를 **지나 다니는** 차들이 많은가요?       ㉯ 이 도로를 **지나다니는** 차들이 많은가요?

**도움말** '어디를 거쳐서 가고 오고 하다.' 라는 뜻을 가진 한 낱말입니다.

---

**관용어** □ 안에 낱말을 넣어서 그림 속 상황과 어울리는 속담이나 격언 등을 만들어 보세요.

> 왜 이리 늦었니?

> 도서관에 숙제하러 갔다가 읽고 싶었던 책이 있기에 좀 보고 왔어요.

□ 본 김에

□□ 지낸다

---

**한자어** 글의 의미에 맞게 □ 안에 들어갈 알맞은 사자성어를 **보기**에서 찾아 써 보세요.

국민이 단합하지 못하는 나라일수록 □□□□에 시달리는 경우가 많다.

**보기** · 내우외환(內憂外患)    · 외유내강(外剛內柔)    · 표리부동(表裏不同)

16

# 가로·세로 낱말 만들기

 주어진 글자를 연결하여 15 회에 공부한 낱말을 만들어 보세요.

|  |  |  |  |  |  |  |  |
|---|---|---|---|---|---|---|---|
|  |  |  |  |  |  |  |  |
|  |  |  | 변 |  |  |  |  |
|  |  | 전 | 제 |  |  |  |  |
|  |  |  |  |  |  |  |  |
|  |  |  |  |  |  |  |  |
|  |  |  |  |  |  |  |  |
|  |  |  |  |  |  |  |  |
|  |  |  |  |  |  |  |  |

| 냥 | 변 | 곱 | 겨 | 개 |
|---|---|---|---|---|
| 제 | 전 | 둘 | 밑 | 도 |

★ 도전 시간 | **1분**

★ 만들 낱말 수 | **4개**

★ 만든 낱말 수 | 개

# 낱말은 쏙쏙! 생각은 쑥쑥!

**그림으로 낱말 찾기**

지시선이 가리키는 그림을 보고 사물의 이름이나 행동, 상태 등에 해당하는 낱말을 보기 에서 찾아 □ 안에 쓰세요.

❸ 이름씨

❶ 움직씨

❹ 그림씨

❷ 이름씨

❺ 이름씨

보기 ·공경하다 ·화목 ·고려장 ·출장 ·각오 ·다락방 ·초조하다 ·장애인 ·수해 ·반상회

**낱말 뜻 알기**

□ 안에는 어떤 낱말의 첫 글자가 쓰여 있습니다. 이 첫 글자를 참고하여 □에 알맞은 말을 넣어 낱말 풀이를 완성해 보세요.

❶ **고려장** : 예전에, 늙 □ 쇠약한 사람을 산 채로 버 □ 두었다가 죽은 후 장사 지냈다는 일.

❷ **출장** : 용 □ 를 위하여 임 □ 로 다른 곳으로 나감.

❸ **초조하다** : 애가 타서 마 □ 이 조 □□□ 하다.

❹ **수해** : 장 □ 나 홍 □ 로 인한 피해.

❺ **반상회** : 행 □ 조직의 최하 단위인 반의 월례회.

**낱말 친구 사총사**

다음 밑줄 친 낱말 중 다른 셋을 포함하는 큰 말에 해당하는 낱말을 고르세요.

❶ 엄마는 **마당**에서 배추를 손질하고 있어.

❷ 이번 달 반상회는 우리 **집**에서 하기로 했어.

❸ 아빠는 **부엌**에서 설거지를 하고 계셔.

❹ 내 구슬과 딱지는 **다락방**에 보관 중이야.

**연상되는 낱말 찾기**

다음은 세 낱말을 보고 공통으로 연상되는 낱말을 찾는 문제입니다. 세 낱말과 관련 있는 낱말을 써 보세요.

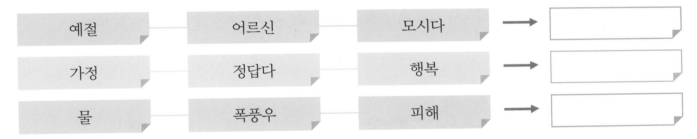

| 예절 | 어르신 | 모시다 | → | |
| 가정 | 정답다 | 행복 | → | |
| 물 | 폭풍우 | 피해 | → | |

**짧은 글짓기**

주어진 낱말을 이용하여 보기 와 같은 형식으로 짧은 글을 지어 보세요.

보기  누가 + 언제 + 왜 + 무엇을 + 어떻게 해야 한다

| 각오 | |
| 장애인 | |
| 반상회 | |

# 낱말 쌈 싸 먹기

알쏭달쏭 헛갈리는 맞춤법, 띄어쓰기, 관용어, 한자어가 이제 한입에 쏙!
**하루에 한 쪽씩 맛있게 냠냠 해치우자!**

**맞춤법** 다음 문장에서 맞춤법이 <u>틀린</u> 낱말을 찾아 바르게 고쳐 써 보세요.

이 책의 어느 귀절이 가장 감동이었니? ( ) → ( )

**띄어쓰기** 주어진 두 문장 중 하나에는 띄어쓰기가 틀린 부분이 있습니다. 둘 중 바르게 띄어쓰기를 한 문장을 찾아서 ○표 하세요.

㉮ **오갈데** 없는 노인 분들께 잘하렴.

㉯ **오갈 데** 없는 노인 분들께 잘하렴.

**도움말** '데'는 장소의 뜻을 가진 의존명사입니다.

**관용어** □ 안에 낱말을 넣어서 그림 속 상황과 어울리는 속담이나 격언 등을 만들어 보세요.

아무래도 선발 중 한 명을 마무리로 돌려야겠어.

그러면 선발 로테이션에 차질이 생길 텐데요.

□□□ 빼서
□□ 괴기

**한자어** 글의 의미에 맞게 □ 안에 들어갈 알맞은 한자어를 **보기**에서 찾아 써 보세요.

□□에 사시는 큰아버지께서 우리 집을 □□하셨다.

**보기** · 商店　· 訪問　· 花壇　· 近處

# 가로·세로 낱말 만들기

17

 주어진 글자를 연결하여 **16** 회에 공부한 낱말을 만들어 보세요.

|  |  |  |  |  |  |  |  |
|---|---|---|---|---|---|---|---|
|  |  |  |  |  |  |  |  |
|  |  |  |  |  |  |  |  |
|  |  |  |  |  |  |  |  |
|  |  | 고 |  |  | 화 |  |  |
|  |  | 락 |  |  | 초 |  |  |
|  |  |  |  |  |  |  |  |
|  |  |  |  |  |  |  |  |
|  |  |  |  |  |  |  |  |

| 고 | 조 | 방 | 다 | 목 |
|---|---|---|---|---|
| 락 | 화 | 장 | 초 | 려 |

| ★ 도전 시간 | 1분 |
|---|---|
| ★ 만들 낱말 수 | **4개** |
| ★ 만든 낱말 수 | 개 |

## 낱말은 쏙쏙! 생각은 쑥쑥!

### 그림으로 낱말 찾기

지시선이 가리키는 그림을 보고 사물의 이름이나 행동, 상태 등에 해당하는 낱말을 보기에서 찾아 □ 안에 쓰세요.

❶ 이름씨

❷ 이름씨

❸ 이름씨

❹ 이름씨

❺ 이름씨

보기 · 컴퓨터 · 하드웨어 · 소프트웨어 · 모니터 · 프린터 · 제어 · 본체 · 자판 · 신문 · 조판

### 낱말 뜻 알기

□ 안에는 어떤 낱말의 첫 글자가 쓰여 있습니다. 이 첫 글자를 참고하여 □에 알맞은 말을 넣어 낱말 풀이를 완성해 보세요.

❶ **컴퓨터** : 전자 회로를 이용하여 자동적으로 계[ ]하거나 데이터를 처[ ]하는 기계.

❷ **모니터** : 컴퓨터가 볼 수 있는 상태를 화[ ]을 통해 표[ ]해 주는 출력 장치.

❸ **프린터** : 컴퓨터에서 처리된 정[ ]를 종이 형태로 인[ ]하는 출력 장치.

❹ **자판** : 글자를 풀어 배[ ]하여 글자, 숫자, 기호 등을 입[ ]하기 위한 판 형태의 장치.

❺ **조판** : 원[ ]에 따라서 골라 뽑은 활[ ]를 지시대로 순서, 행수, 자간, 행간, 위치 따위를 맞추어 짬.

**낱말 친구 사총사**

다음 밑줄 친 낱말 중 다른 세 낱말과 거리가 <u>먼</u> 낱말을 말하는 친구를 고르세요.

❶
최신 사양의 **컴퓨터**일수록 속도가 빨라.

❷
숙제는 **프린터**로 출력해서 제출해야만 해.

❸
**모니터** 화면을 손으로 만지면 얼룩이 남아.

❹
공부에 방해되니 **라디오** 소리를 좀 줄여 줄래?

**연상되는 낱말 찾기**

다음은 세 낱말을 보고 공통으로 연상되는 낱말을 찾는 문제입니다. 세 낱말과 관련 있는 낱말을 써 보세요.

| 컴퓨터 | 기계 | 장치 | → | |
|---|---|---|---|---|
| 컴퓨터 | 프로그램 | 운영 체제 | → | |
| 소식 | 인쇄 | 배달 | → | |

**짧은 글짓기**

주어진 낱말을 이용하여 **보기** 와 같은 형식으로 짧은 글을 지어 보세요.

> **보기**    왜 + 무엇을 + 어떻게 했다

| 컴퓨터 | |
|---|---|
| 제어 | |
| 본체 | |

## 낱말 쌈 싸 먹기

알쏭달쏭 헷갈리는 맞춤법, 띄어쓰기, 관용어, 한자어가 이제 한입에 쏙!
**하루에 한 쪽씩 맛있게 냠냠 해치우자!**

**맞춤법** ▸ 다음 문장에서 ( ) 안의 낱말 중 맞춤법이 맞는 낱말에 ○표 하세요.

> 운동할 거라고 미리 ( 귀띔 , 귀띰 )이라도 해 주었다면 체육복을 입었을 텐데.

**띄어쓰기** ▸ 주어진 두 문장 중 하나에는 띄어쓰기가 틀린 부분이 있습니다. 둘 중 바르게 띄어쓰기를 한 문장을 찾아서 ○표 하세요.

㉮ **너조차** 나를 모르는구나.        ㉯ **너 조차** 나를 모르는구나.

도움말 '조차' 는 조사입니다.

**관용어** ▸ □ 안에 낱말을 넣어서 그림 속 상황과 어울리는 속담이나 격언 등을 만들어 보세요.

□□도 위아래가
있다

**한자어** ▸ 글의 의미에 맞게 □ 안에 들어갈 알맞은 사자성어를 보기 에서 찾아 써 보세요.

인조반정 이후 □□□□에 불만을 품은 이괄은 반란을 일으켜 한때 한양을 함락했다.

보기    · 논공행상(論功行賞)    · 고진감래(苦盡甘來)    · 양상군자(梁上君子)

# 가로·세로 낱말 만들기

 주어진 글자를 연결하여 **17** 회에 공부한 낱말을 만들어 보세요.

|   |   |   |   |   |   |   |   |
|---|---|---|---|---|---|---|---|
|   |   |   |   |   |   |   |   |
|   |   |   |   |   |   |   |   |
|   |   |   |   |   |   |   |   |
|   |   |   | 제 | 자 |   |   |   |
|   |   |   | 본 |   |   |   |   |
|   |   |   |   |   |   |   |   |
|   |   |   |   |   |   |   |   |
|   |   |   |   |   |   |   |   |

| 어 | 제 | 본 | 조 | 드 |
|---|---|---|---|---|
| 자 | 웨 | 하 | 체 | 판 |

★ 도전 시간 | **1분**

★ 만들 낱말 수 | **5개**

★ 만든 낱말 수 | **개**

낱말 영역 |

걸린 시간 |　　　분　　　초

 그림으로 낱말 찾기

지시선이 가리키는 그림을 보고 사물의 이름이나 행동, 상태 등에 해당하는 낱말을 **보기** 에서 찾아 ☐ 안에 쓰세요.

❹ 이름씨

❶ 이름씨

❷ 이름씨

❸ 이름씨

❺ 움직씨

**보기** ・ 단소　・ 기악　・ 멜로디언　・ 건반　・ 굿거리장단　・ 대취타　・ 악상　・ 음색　・ 지휘하다　・ 화음

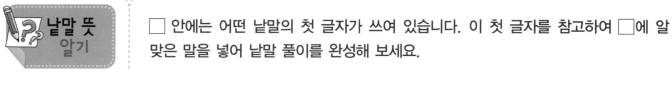 낱말 뜻 알기

☐ 안에는 어떤 낱말의 첫 글자가 쓰여 있습니다. 이 첫 글자를 참고하여 ☐에 알맞은 말을 넣어 낱말 풀이를 완성해 보세요.

❶ **단소** : 전통 관☐☐. 대☐☐로 만들며 구멍이 앞에 네 개, 뒤에 한 개가 있음.

❷ **기악** : 악☐를 사용하여 연주하는 음☐. 연주자의 수에 따라 독주・중주・합주로 나뉨.

❸ **멜로디언** : 소형의 건☐ 악기. 입으로 바☐을 불어 넣으며 건☐을 눌러 소리를 냄.

❹ **대취타** : 취타와 세악을 갖춘 대규모의 군악. 징, 자바라, 장☐, 용고와 나각, 나발, 태평소 따위로 편☐됨.

❺ **지휘하다** : 합☐이나 합주 따위에서 노래나 연주가 예술적으로 조☐되도록 앞에서 이끌다.

**낱말 친구 사총사**

다음 밑줄 친 낱말 중 다른 세 낱말과 거리가 먼 낱말을 말하는 친구를 고르세요.

❶  **굿거리장단**은 언제 들어도 아름다워.

❷  대금보다는 **단소**가 가벼워서 불기 쉬울 거야.

❸  **멜로디언**을 오래 연주하면 입안이 얼얼해.

❹  우리 모두 연주는 **대취타**처럼 씩씩하게 하자.

**연상되는 낱말 찾기**

다음은 세 낱말을 보고 공통으로 연상되는 낱말을 찾는 문제입니다. 세 낱말과 관련 있는 낱말을 써 보세요.

| 악기 | 음악 | 연주하다 | ⟶ | |
| 피아노 | 흑백 | 누르다 | ⟶ | |
| 관현악단 | 손짓 | 대표자 | ⟶ | |

**짧은 글짓기**

주어진 낱말을 이용하여 보기 와 같은 형식으로 짧은 글을 지어 보세요.

보기    누가 + 왜 + 무엇을 + 어떻게 한다

| 악상 | |
| 음색 | |
| 화음 | |

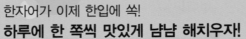

# 낱말 쌈 싸 먹기

알쏭달쏭 헷갈리는 맞춤법, 띄어쓰기, 관용어, 한자어가 이제 한입에 쏙!
**하루에 한 쪽씩 맛있게 냠냠 해치우자!**

**맞춤법** 다음 문장에서 맞춤법이 **틀린** 낱말을 찾아 바르게 고쳐 써 보세요.

넉넉치 않은 살림이라 손님이라도 오면 부담이 커요.　　( 　　　　　 ) → ( 　　　　　 )

**띄어쓰기** 주어진 두 문장 중 하나에는 띄어쓰기가 틀린 부분이 있습니다. 둘 중 바르게 띄어쓰기를 한 문장을 찾아서 ○표 하세요.

㉮ 공부하는 **한편** 틈틈이 운동도 하자.　　　　㉯ 공부하는 **한 편** 틈틈이 운동도 하자.

**도움말** 한 상황을 말한 다음, 다른 상황을 말할 때 쓰는 한 낱말입니다.

**관용어** □ 안에 낱말을 넣어서 그림 속 상황과 어울리는 속담이나 격언 등을 만들어 보세요.

이번에 우리 집 거실을 서재로 만들었어요.

책 읽고, 가족들 사이에 대화하는 시간도 많아지겠군요.

□□ 치고
□□ 잡는다

**한자어** 글의 의미에 맞게 □ 안에 들어갈 알맞은 한자어를 **보기** 에서 찾아 써 보세요.

□□적인 사람은 □□에 거리끼는 행동을 하지 않습니다.

**보기**　· 良心　· 僞善　· 心理　· 道德

# 가로·세로 낱말 만들기

 주어진 글자를 연결하여 18 회에 공부한 낱말을 만들어 보세요.

|  |  |  |  |  |  |  |  |
|---|---|---|---|---|---|---|---|
|  |  |  |  |  |  |  |  |
|  |  |  |  |  |  |  |  |
|  |  |  | 대 | 지 |  |  |  |
|  | 음 | 악 |  |  |  |  |  |
|  |  |  |  |  |  |  |  |
|  |  |  |  |  |  |  |  |
|  |  |  |  |  |  |  |  |
|  |  |  |  |  |  |  |  |

| 리 | 색 | 타 | 음 | 악 |
|---|---|---|---|---|
| 대 | 지 | 상 | 휘 | 취 |

★ 도전 시간 | **1분**

★ 만들 낱말 수 | **4개**

★ 만든 낱말 수 | **개**

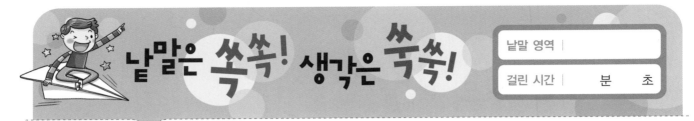

낱말 영역 |

걸린 시간 | 　분　　초

**그림으로 낱말 찾기**

지시선이 가리키는 그림을 보고 사물의 이름이나 행동, 상태 등에 해당하는 낱말을 **보기** 에서 찾아 ☐ 안에 쓰세요.

❶ 이름씨

❷ 이름씨

❸ 이름씨

❹ 이름씨

❺ 이름씨

**보기** • 추천 • 아나운서 • 후보자 • 새순 • 일손 • 겹받침 • 아우성 • 소름 • 방언 • 표준어

**낱말 뜻 알기**

☐ 안에는 어떤 낱말의 첫 글자가 쓰여 있습니다. 이 첫 글자를 참고하여 ☐에 알맞은 말을 넣어 낱말 풀이를 완성해 보세요.

❶ **추천** : 어떤 조건에 적☐☐한 대상을 책임지고 소☐함.

❷ **후보자** : 어떤 직위나 신☐을 얻으려고 일정한 자☐을 갖추어 나선 사람.

❸ **새순** : 새로 돋☐☐는 연한 싹.

❹ **일손** : 일하는 손. 또는 일을 하는 사☐.

❺ **아우성** : 떠☐☐하게 기☐를 올려 지르는 소리.

❻ **소름** : 춥거나 무섭거나 징그러울 때 살☐이 오그라들며 좁☐같이 도톨도톨하게 돋는 것.

**낱말 친구 사총사**

다음 밑줄 친 낱말 중 다른 셋을 포함하는 큰 말에 해당하는 낱말을 고르세요.

 ❶ 복잡한 **겹받침**은 어떻게 발음해야 되지?

 ❷ 사투리를 달리 **방언**이라고 말하기도 해.

 ❸ 되도록이면 **표준어**를 사용하는 습관을 들여.

 ❹ 아무래도 수학보다 **국어**가 더 재미있는 것 같아.

**연상되는 낱말 찾기**

다음은 세 낱말을 보고 공통으로 연상되는 낱말을 찾는 문제입니다. 세 낱말과 관련 있는 낱말을 써 보세요.

| 방송국 | 진행자 | 말하다 | → | |
|---|---|---|---|---|
| 지방 | 사투리 | 언어 | → | |
| 서울말 | 현대 | 교양 | → | |

**짧은 글짓기**

주어진 낱말을 이용하여 보기 와 같은 형식으로 짧은 글을 지어 보세요.

보기    어디서 + 왜 + 누가 + 어떻게 한다

| 일손 | |
|---|---|
| 아우성 | |
| 소름 | |

# 낱말 쌈 싸 먹기

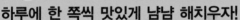

알쏭달쏭 헷갈리는 맞춤법, 띄어쓰기, 관용어, 한자어가 이제 한입에 쏙!
**하루에 한 쪽씩 맛있게 냠냠 해치우자!**

---

**맞춤법**  다음 문장에서 ( ) 안의 낱말 중 맞춤법이 맞는 낱말에 ○표 하세요.

학교 운동장이 정말 ( 널따랗다 , 넓다랗다 ).

---

**띄어쓰기**  주어진 두 문장 중 하나에는 띄어쓰기가 틀린 부분이 있습니다. 둘 중 바르게 띄어쓰기를 한 문장을 찾아서 ○표 하세요.

㉮ 고드름이 **열매 처럼** 처마에 매달려 있어요.

㉯ 고드름이 **열매처럼** 처마에 매달려 있어요.

**도움말** '처럼'은 조사입니다.

---

**관용어**  □ 안에 낱말을 넣어서 그림 속 상황과 어울리는 속담이나 격언 등을 만들어 보세요.

우와~ 도시락 예술이다!

진짜, 너무 맛있겠다!

보기 좋은 □이
먹기에도 좋다

---

**한자어**  글의 의미에 맞게 □ 안에 들어갈 알맞은 사자성어를 **보기** 에서 찾아 써 보세요.

여러 작가가 '삼국지'를 다시 쓰고 있지만 그 내용은 □□□□ 합니다.

**보기**  • 절차탁마(切磋琢磨)    • 침소봉대(針小棒大)    • 대동소이(大同小異)

---

 주어진 글자를 연결하여 **19** 회에 공부한 낱말을 만들어 보세요.

|  |  |  |  |  |  |  |  |
|---|---|---|---|---|---|---|---|
|  |  |  |  |  |  |  |  |
|  |  |  |  |  |  |  |  |
|  |  | 소 |  |  |  |  |  |
|  |  | 아 |  |  | 추 |  |  |
|  |  |  |  |  | 어 |  |  |
|  |  |  |  |  |  |  |  |
|  |  |  |  |  |  |  |  |
|  |  |  |  |  |  |  |  |

| 준 | 름 | 성 | 추 | 우 |
|---|---|---|---|---|
| 아 | 어 | 천 | 표 | 소 |

★ 도전 시간 | **1분**

★ 만들 낱말 수 | **4개**

★ 만든 낱말 수 | **개**

# 낱말은 쏙쏙! 생각은 쑥쑥!

**그림으로 낱말 찾기**

지시선이 가리키는 그림을 보고 사물의 이름이나 행동, 상태 등에 해당하는 낱말을 보기 에서 찾아 □ 안에 쓰세요.

❶ 이름씨

❷ 움직씨

❸ 이름씨

❹ 움직씨

❺ 이름씨

> 한려해상國立公園

> U.S.A

> Korea

> Made In USA

보기   • 재활용   • 국립 공원   • 품질   • 소비자   • 근로자   • 무역   • 수출하다   • 수입하다   • 항만

---

**낱말 뜻 알기**

□ 안에는 어떤 낱말의 첫 글자가 쓰여 있습니다. 이 첫 글자를 참고하여 □에 알맞은 말을 넣어 낱말 풀이를 완성해 보세요.

❶ **재활용** : 폐 □ 따위를 용 □ 를 바꾸거나 가 □ 하여 다시 씀.

❷ **국립 공원** : 자연 경치와 문화적 가 □ 가 뛰어난 지역을 보 □ 하기 위해 나라에서 지 □ 하여 관리하는 공원.

❸ **품질** : 물건의 성 □ 과 바 □ .

❹ **수출하다** : 국내의 상 □ 이나 기 □ 을 외 □ 으로 팔아 내보내다.

❺ **수입하다** : 다른 나라로부터 물 □ 을 사들임. 또는 사상, 문 □ , 제도 따위를 배워 들여오다.

**낱말 친구 사총사**

다음 밑줄 친 낱말의 뜻이 다른 셋과 같지 <u>않은</u> 것은 어느 것인지 번호를 고르세요.

① 이번 달 아빠의 **수입**이 적어서 엄마가 걱정이야.

② 무분별한 외래문화의 **수입**은 우리 사회에 좋지 않은 영향을 줄 수도 있어.

③ **수입**이 지나치게 많으면 무역 불균형을 이룬대.

④ 사회가 발전하면서 **수입** 품목도 계속 늘어나고 있어.

**연상되는 낱말 찾기**

다음은 세 낱말을 보고 공통으로 연상되는 낱말을 찾는 문제입니다. 세 낱말과 관련 있는 낱말을 써 보세요.

| 구매 | 사람 | 사용하다 | → | |
|---|---|---|---|---|
| 노동자 | 임금 | 생산하다 | → | |
| 부두 | 배 | 출입항 | → | |

**짧은 글짓기**

주어진 낱말을 이용하여 보기 와 같은 형식으로 짧은 글을 지어 보세요.

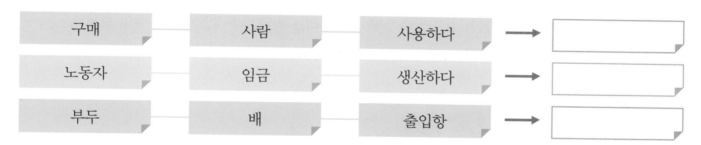

**보기** 언제 + 누가 + 왜 + 무엇을 + 어떻게 하자

| 재활용 | |
|---|---|
| 국립 공원 | |
| 무역 | |

# 낱말 쌈 싸 먹기

알쏭달쏭 헷갈리는 맞춤법, 띄어쓰기, 관용어, 한자어가 이제 한입에 쏙!
**하루에 한 쪽씩 맛있게 냠냠 해치우자!**

---

**맞춤법** 다음 문장에서 맞춤법이 <u>틀린</u> 낱말을 찾아 바르게 고쳐 써 보세요.

> 차선을 바꿀 때는 미리 깜박이를 켜야 한다.  (          ) → (          )

---

**띄어쓰기** 주어진 두 문장 중 하나에는 띄어쓰기가 틀린 부분이 있습니다. 둘 중 바르게 띄어쓰기를 한 문장을 찾아서 ○표 하세요.

㉮ 그 문제는 **검토한바** 없습니다.

㉯ 그 문제는 **검토한 바** 없습니다.

**도움말** '바'는 의존명사입니다.

---

**관용어** □ 안에 낱말을 넣어서 그림 속 상황과 어울리는 속담이나 격언 등을 만들어 보세요.

> 와~ 어제 세윤이가 달리기에서 1등을 한 게 아직도 놀라워.

> 그러게, 키도 작고 몸도 말라서 약골인 줄 알았는데, 겉모습만 보고 판단할 게 아니었어.

끄덕

□ □ □ 보다
장맛이 좋다

---

**한자어** 글의 의미에 맞게 □ 안에 들어갈 알맞은 한자어를 **보기**에서 찾아 써 보세요.

나라 간에 상업적인 □ □ 을 할 때는 □ □ 의 기본 규칙을 지켜야 합니다.

**보기** • 政治  • 賣買  • 貿易  • 國防

---

# 가로·세로 낱말 만들기

 주어진 글자를 연결하여 20 회에 공부한 낱말을 만들어 보세요.

|  |  |  |  |  |  |  |  |
|---|---|---|---|---|---|---|---|
|  |  |  |  |  |  |  |  |
|  |  |  |  |  |  |  |  |
|  |  |  | 항 |  |  |  |  |
|  |  |  | 소 |  |  |  |  |
|  |  |  |  |  | 용 | 역 |  |
|  |  |  |  |  |  |  |  |
|  |  |  |  |  |  |  |  |
|  |  |  |  |  |  |  |  |

| 활 | 무 | 자 | 역 | 만 |
|---|---|---|---|---|
| 비 | 항 | 용 | 소 | 재 |

★ 도전 시간 | **1분**

★ 만들 낱말 수 | **4개**

★ 만든 낱말 수 | **개**

 **그림으로 낱말 찾기**

지시선이 가리키는 그림을 보고 사물의 이름이나 행동, 상태 등에 해당하는 낱말을 **보기**에서 찾아 ☐ 안에 쓰세요.

**❶ 움직씨**

**❷ 이름씨**

**❸ 이름씨**

**❹ 이름씨**

**❺ 이름씨**

**보기** ·중탕하다　·수증기　·제습　·습도　·건조　·증발　·표면　·매연　·오염　·호흡기

---

 **낱말 뜻 알기**

☐ 안에는 어떤 낱말의 첫 글자가 쓰여 있습니다. 이 첫 글자를 참고하여 ☐에 알맞은 말을 넣어 낱말 풀이를 완성해 보세요.

❶ **중탕하다** : 끓는 물속에 음식 담은 그☐을 넣어 익히거나 데우다.

❷ **수증기** : 온☐나 압☐에 의한 물의 상태 변화로 생성된 무☐, 무취의 투명 기체.

❸ **습도** : 공기 중에 수☐가 포☐된 정도.

❹ **증발** : 액☐의 표면에서 일어나는 기☐ 현상.

❺ **매연** : 연☐가 탈 때 나오는 그☐☐이 섞인 연기. 탄소 화합물의 불완전 연☐로 생김.

❻ **호흡기** : 호☐ 작용을 맡는 기☐. 사람의 경우 코, 입, 목, 폐 등을 일컬음.

**낱말 친구 사총사**

다음 밑줄 친 낱말 중 다른 세 낱말과 거리가 <u>먼</u> 낱말을 말하는 친구를 고르세요.

❶
자동차의 **매연** 때문에 공기가 너무 나빠졌어.

❷
밥이 익어 가니 **수증기**가 모락모락 피어나.

❸
장마철에는 곰팡이가 피지 않도록 <u>**제습**</u>을 잘해야 돼.

❹
비가 온종일 내려서 **습도**가 아주 높네.

**연상되는 낱말 찾기**

다음은 세 낱말을 보고 공통으로 연상되는 낱말을 찾는 문제입니다. 세 낱말과 관련 있는 낱말을 써 보세요.

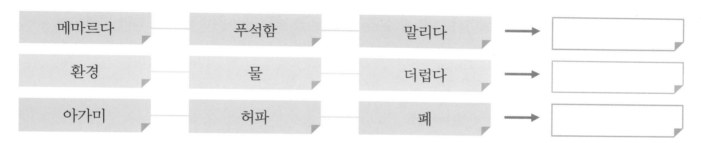

| 메마르다 | 푸석함 | 말리다 | ➡ | |
|---|---|---|---|---|
| 환경 | 물 | 더럽다 | ➡ | |
| 아가미 | 허파 | 폐 | ➡ | |

**짧은 글짓기**

주어진 낱말을 이용하여 **보기** 와 같은 형식으로 짧은 글을 지어 보세요.

**보기**　　언제 + 왜 + 무엇이 + 어떻게 된다

| 습도 | |
|---|---|
| 표면 | |
| 매연 | |

# 낱말 쌈 싸 먹기

알쏭달쏭 헷갈리는 맞춤법, 띄어쓰기, 관용어, 한자어가 이제 한입에 쏙!
**하루에 한 쪽씩 맛있게 냠냠 해치우자!**

---

**맞춤법** 다음 문장에서 (   ) 안의 낱말 중 맞춤법이 맞는 낱말에 ○표 하세요.

누가 염색한 옷감인지 ( 때깔 , 땟깔 )도 참 곱다.

---

**띄어쓰기** 주어진 두 문장 중 하나에는 띄어쓰기가 틀린 부분이 있습니다. 둘 중 바르게 띄어쓰기를 한 문장을 찾아서 ○표 하세요.

㉮ 위 학생은 **육 개년**을 개근하였습니다.　　　㉯ 위 학생은 **육개년**을 개근하였습니다.

**도움말** '개년'은 수량이나 횟수를 세는 단위입니다.

---

**관용어** □ 안에 낱말을 넣어서 그림 속 상황과 어울리는 속담이나 격언 등을 만들어 보세요.

소문난 □□에
먹을 것 없다

---

**한자어** 글의 의미에 맞게 □ 안에 들어갈 알맞은 사자성어를 **보기**에서 찾아 써 보세요.

돌아다니기 좋아하는 명국이가 집에서 □□□□하다니 해가 서쪽에서 뜰 일이다.

**보기**　· 용두사미(龍頭蛇尾)　　· 두문불출(杜門不出)　　· 신물귀몰(神出鬼沒)

---

**22**

# 가로·세로 낱말 만들기

 주어진 글자를 연결하여 **21** 회에 공부한 낱말을 만들어 보세요.

|  |  |  |  |  |  |  |  |
|---|---|---|---|---|---|---|---|
|  |  |  |  |  |  |  |  |
|  |  |  |  |  |  |  |  |
|  |  |  |  |  |  |  |  |
|  |  | 중 |  |  |  |  |  |
|  |  | 수 |  | 기 | 습 |  |  |
|  |  |  |  |  |  |  |  |
|  |  |  |  |  |  |  |  |
|  |  |  |  |  |  |  |  |

| 흡 | 발 | 탕 | 수 | 기 |
|---|---|---|---|---|
| 중 | 습 | 증 | 호 | 제 |

| ★ 도전 시간 | 1분 |
|---|---|
| ★ 만들 낱말 수 | **5개** |
| ★ 만든 낱말 수 | 개 |

### 그림으로 낱말 찾기

지시선이 가리키는 그림을 보고 사물의 이름이나 행동, 상태 등에 해당하는 낱말을 보기 에서 찾아 □ 안에 쓰세요.

❶ 이름씨

❷ 이름씨

❸ 이름씨

❹ 이름씨

❺ 이름씨

"지금부터 학급 회의를 시작하겠습니다."

"오늘 토의할 내용은……"

"이것으로 학급 회의를 마치겠습니다."

보기 • 차별 • 존엄 • 동정심 • 품행 • 이기주의 • 개회 • 국민의례 • 회의록 • 안건 • 폐회

### 낱말 뜻 알기

□ 안에는 어떤 낱말의 첫 글자가 쓰여 있습니다. 이 첫 글자를 참고하여 □에 알맞은 말을 넣어 낱말 풀이를 완성해 보세요.

❶ **차별** : 둘 이상의 대상을 각각 등급이나 수준 따위의 차[ ]를 두어서 구[ ]함.

❷ **동정심** : 남의 어려운 처[ ]를 안타깝게 여기는 마[ ].

❸ **품행** : 품[ ]과 행[ ]을 아울러 이르는 말.

❹ **이기주의** : 자기 자신의 이[ ]만을 꾀하고, 사회 일반의 이[ ]은 염[ ]에 두지 않으려는 태도.

❺ **안건** : 토[ ]하거나 조[ ]하여야 할 사실.

**낱말 친구 사총사**

다음 밑줄 친 낱말 중 다른 셋을 포함하는 **큰 말**에 해당하는 낱말을 고르세요.

❶  **경례**라는 구호에 맞춰 일제히 손을 머리에 올리는 거야.

❷  우리나라의 **국기**는 일장기가 아니라 태극기야.

❸  회의가 시작되기 전에는 반드시 **국민의례**를 해야 돼.

❹  국가인 **애국가**를 들을 때마다 가슴이 벅차올라.

**연상되는 낱말 찾기**

다음은 세 낱말을 보고 공통으로 연상되는 낱말을 찾는 문제입니다. 세 낱말과 관련 있는 낱말을 써 보세요.

| 타인 | 불쌍하다 | 마음 | ➡ | |
|------|----------|------|----|---|
| 나 | 사익(私益) | 태도 | ➡ | |
| 회의 | 기록하다 | 문서 | ➡ | |

**짧은 글짓기**

주어진 낱말을 이용하여 **보기**와 같은 형식으로 짧은 글을 지어 보세요.

**보기** 누가 + 왜 + 무엇을 + 어떻게 해야 한다

| 존엄 | |
|------|---|
| 개회 | |
| 폐회 | |

# 낱말 쌈 싸 먹기

알쏭달쏭 헛갈리는 맞춤법, 띄어쓰기, 관용어, 한자어가 이제 한입에 쏙!
**하루에 한 쪽씩 맛있게 냠냠 해치우자!**

---

**맞춤법** ▷ 다음 문장에서 맞춤법이 <u>틀린</u> 낱말을 찾아 바르게 고쳐 써 보세요.

> 오늘 달리기 대회에서 꼴지를 했어.

(　　　　　　) → (　　　　　　)

---

**띄어쓰기** ▷ 주어진 두 문장 중 하나에는 띄어쓰기가 틀린 부분이 있습니다. 둘 중 바르게 띄어쓰기를 한 문장을 찾아서 ○표 하세요.

㉮ 친구가 곧 **올듯**합니다.

㉯ 친구가 곧 **올 듯**합니다.

도움말 '올'은 뒷말을 꾸며 주며 '듯'은 의존명사입니다.

---

**관용어** ▷ □ 안에 낱말을 넣어서 그림 속 상황과 어울리는 속담이나 격언 등을 만들어 보세요.

> 우와! 옷 예쁘다.

> 빌린 건데 뭘……,

옷 대여점

□ 좋은 개살구

---

**한자어** ▷ 글의 의미에 맞게 □ 안에 들어갈 알맞은 한자어를 보기 에서 찾아 써 보세요.

각종 □□로부터 시민의 생명과 재산을 □□하는 것이 경찰의 임무입니다.

보기　• 治安　　• 安全　　• 犯罪　　• 保護

---

# 가로·세로 낱말 만들기

23

 주어진 글자를 연결하여 **22** 회에 공부한 낱말을 만들어 보세요.

|  |  |  |  |  |  |  |  |
|---|---|---|---|---|---|---|---|
|  |  |  |  |  |  |  |  |
|  |  |  |  |  |  |  |  |
|  |  |  |  |  |  |  |  |
|  |  | 건 |  |  | 차 |  |  |
|  |  | 국 |  |  | 례 |  |  |
|  |  |  |  |  |  |  |  |
|  |  |  |  |  |  |  |  |
|  |  |  |  |  |  |  |  |

| 엄 | 별 | 레 | 건 | 민 |
|---|---|---|---|---|
| 의 | 안 | 국 | 차 | 존 |

| ★ 도전 시간 | **1분** |
|---|---|
| ★ 만들 낱말 수 | **4개** |
| ★ 만든 낱말 수 | 개 |

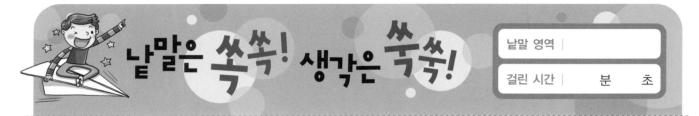

낱말 영역 |

걸린 시간 |　　　분　　　초

**그림으로 낱말 찾기**

지시선이 가리키는 그림을 보고 사물의 이름이나 행동, 상태 등에 해당하는 낱말을 **보기** 에서 찾아 □ 안에 쓰세요.

❶ 이름씨

❷ 움직씨

❸ 움직씨

❹ 이름씨

❺ 이름씨

❻ 이름씨

**보기** · 영양소 · 탄수화물 · 단백질 · 비타민 · 식단 · 조리하다 · 계량하다 · 밸브 · 급식 · 소화

**낱말 뜻 알기**

□ 안에는 어떤 낱말의 첫 글자가 쓰여 있습니다. 이 첫 글자를 참고하여 □에 알맞은 말을 넣어 낱말 풀이를 완성해 보세요.

❶ **영양소** : 성□□을 촉진하고 생리적 과정에 필요한 에□□를 공급하는 영양분이 있는 물질.

❷ **비타민** : 주 영양소가 아니면서 정상적인 발□과 생□ 작용을 유지하는 데 필요한 유기 화합물을 통틀어 이르는 말.

❸ **식단** : 일정한 기간 동안 먹을 음□의 종□와 순□를 계획한 것.

❹ **계량하다** : 수□을 헤아리거나 부□, 무□ 등을 재다.

❺ **급식** : 집□으로 식□를 제공하는 일.

**낱말 친구 사총사**

다음 밑줄 친 낱말의 뜻이 다른 셋과 같지 <u>않은</u> 것은 어느 것인지 고르세요.

❶ 꼭꼭 씹어 먹어야 위에 부담도 안 되고 **소화**가 잘 돼.

❷ 할머니는 **소화**가 잘 되는 미음을 잡수셔.

❸ 길 건너 약국에 가면 **소화**제를 살 수가 있지.

❹ 그 식당은 **소화**기도 없어서 큰 피해를 당하고 말았어.

**연상되는 낱말 찾기**

다음은 세 낱말을 보고 공통으로 연상되는 낱말을 찾는 문제입니다. 세 낱말과 관련 있는 낱말을 써 보세요.

| 영양소 | 쌀 | 빵 | ➡ | |
| 음식 | 종류 | 계획 | ➡ | |
| 요리사 | 주방 | 만들다 | ➡ | |

**짧은 글짓기**

주어진 낱말을 이용하여 〔보기〕와 같은 형식으로 짧은 글을 지어 보세요.

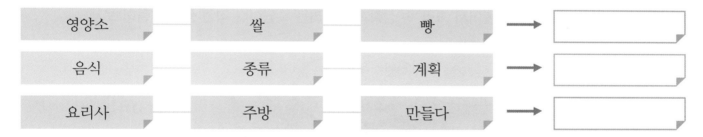

〔보기〕  무엇이 + 왜 + 무엇을 + 어떻게 하도록 하자

| 단백질 | |
| 비타민 | |
| 밸브 | |

# 낱말 쌈 싸 먹기

알쏭달쏭 헷갈리는 맞춤법, 띄어쓰기, 관용어, 한자어가 이제 한입에 쏙!
**하루에 한 쪽씩 맛있게 냠냠 해치우자!**

**맞춤법** 다음 문장에서 ( ) 안의 낱말 중 맞춤법이 맞는 낱말에 ○표 하세요.

( 변변찮은 , 변변챦은 ) 연주 실력이지만 최선을 다 할게요.

**띄어쓰기** 주어진 두 문장 중 하나에는 띄어쓰기가 틀린 부분이 있습니다. 둘 중 바르게 띄어쓰기를 한 문장을 찾아서 ○표 하세요.

㉮ 살다 보면 **좋은 날**도 오겠죠.

㉯ 살다 보면 **좋은날**도 오겠죠.

도움말 '좋은'은 뒷말을 꾸며 주는 낱말입니다.

**관용어** □ 안에 낱말을 넣어서 그림 속 상황과 어울리는 속담이나 격언 등을 만들어 보세요.

재가 합창부에서 제일 예쁜 연지야.

어쩐지 네가 노래도 못하면서 합창부에 든 이유가 있었어.

□□에는 마음이 없고 □□에만 마음이 있다

**한자어** 글의 의미에 맞게 □ 안에 들어갈 알맞은 사자성어를 보기 에서 찾아 써 보세요.

아무리 충고해도 □□□□이니 참 답답합니다.

보기 • 수구초심(首丘初心)  • 조삼모사(朝三暮四)  • 마이동풍(馬耳東風)

# 가로·세로 낱말 만들기

**24**

 주어진 글자를 연결하여 **23** 회에 공부한 낱말을 만들어 보세요.

|   |   |   |   |   |   |   |   |
|---|---|---|---|---|---|---|---|
|   |   |   |   |   |   |   |   |
|   |   |   |   |   |   |   |   |
|   |   |   | 식 | 량 |   |   |   |
|   |   |   |   |   |   |   |   |
|   |   |   |   |   |   |   |   |
|   |   | 물 | 질 |   |   |   |   |
|   |   |   |   |   |   |   |   |
|   |   |   |   |   |   |   |   |

| 화 | 량 | 단 | 물 | 식 |
|---|---|---|---|---|
| 백 | 탄 | 질 | 계 | 수 |

★ 도전 시간 | **1분**

★ 만들 낱말 수 | **4개**

★ 만든 낱말 수 | 개

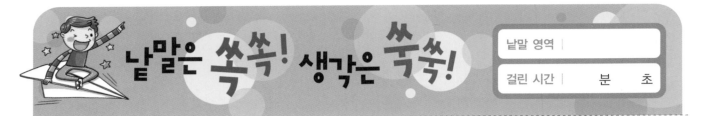

낱말 영역 |

걸린 시간 | 　　　분　　　초

지시선이 가리키는 그림을 보고 사물의 이름이나 행동, 상태 등에 해당하는 낱말을 보기 에서 찾아 □ 안에 쓰세요.

**❶ 이름씨**

**❷ 움직씨**

**❸ 이름씨**

**❹ 이름씨**

**❺ 이름씨**

**❻ 이름씨**

보기　• 명도　• 채도　• 유채　• 테라코타　• 애니메이션　• 배치하다　• 동세　• 수묵　• 채색하다　• 벽화

 낱말 뜻 알기

□ 안에는 어떤 낱말의 첫 글자가 쓰여 있습니다. 이 첫 글자를 참고하여 □에 알맞은 말을 넣어 낱말 풀이를 완성해 보세요.

**❶ 유채** : 물감을 기□ 에 풀어서 그□ 을 그리는 기법.

**❷ 테라코타** : 양질의 점□ 를 구워 기□ 처럼 만든 도기나 그릇.

**❸ 수묵** : □ 으로 짙고 옅음을 이용하여 그린 그림.

**❹ 채색하다** : 그□ 등에 색을 칠하다.

**❺ 벽화** : 건물이나 동□ , 무덤 등의 벽□ 에 그린 그림.

**낱말 친구 사총사**

다음 밑줄 친 낱말 중 다른 세 낱말과 거리가 먼 낱말을 말하는 친구를 고르세요.

❶ **테라 코타** 기법으로 만드니까 질감이 더 훌륭할 거야.

❷ 사물을 확대해서 관찰하려면 **돋보기**가 필요할 거야.

❸ **유채**로 그리려면 기름을 좀 준비해 둬야겠어.

❹ 은은한 여백의 미에는 역시 **수묵**이 최고야.

---

**연상되는 낱말 찾기**

다음은 세 낱말을 보고 공통으로 연상되는 낱말을 찾는 문제입니다. 세 낱말과 관련 있는 낱말을 써 보세요.

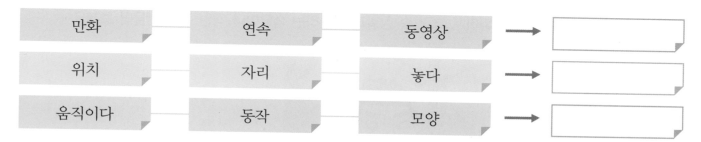

| 만화 | 연속 | 동영상 | → | |
| 위치 | 자리 | 놓다 | → | |
| 움직이다 | 동작 | 모양 | → | |

---

**짧은 글짓기**

주어진 낱말을 이용하여 보기 와 같은 형식으로 짧은 글을 지어 보세요.

**보기**    왜 + 무엇을 + 어떻게 하였을까?

| 명도 | |
| 수묵 | |
| 벽화 | |

# 낱말 쌈 싸 먹기

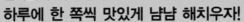

알쏭달쏭 헷갈리는 맞춤법, 띄어쓰기, 관용어, 한자어가 이제 한입에 쏙!
**하루에 한 쪽씩 맛있게 냠냠 해치우자!**

---

**맞춤법** 다음 문장에서 맞춤법이 <u>틀린</u> 낱말을 찾아 바르게 고쳐 써 보세요.

이슬을 머금은 꽃봉우리가 무척 아름답구나. (       ) → (       )

---

**띄어쓰기** 주어진 두 문장 중 하나에는 띄어쓰기가 틀린 부분이 있습니다. 둘 중 바르게 띄어쓰기를 한 문장을 찾아서 ○표 하세요.

㉮ **참다 못해** 제가 하겠다고 나섰습니다.

㉯ **참다못해** 제가 하겠다고 나섰습니다.

**도움말** '더 이상 참을 수 없다.'는 뜻을 가진 한 낱말입니다.

---

**관용어** ☐ 안에 낱말을 넣어서 그림 속 상황과 어울리는 속담이나 격언 등을 만들어 보세요.

어서 강남에 가서 금은보화를 잔뜩 가져오렴.

"꼭!"

제 ☐ 에 물 대기

---

**한자어** 글의 의미에 맞게 ☐ 안에 들어갈 알맞은 한자어를 **보기** 에서 찾아 써 보세요.

☐☐은 각종 소송 사건에 대하여 ☐☐를 가리는 등 법률에 의한 판단을 하는 기관입니다.

**보기** ・理解 ・是非 ・法院 ・國會

---

# 가로·세로 낱말 만들기

 주어진 글자를 연결하여 24 회에 공부한 낱말을 만들어 보세요.

|  |  |  |  |  |  |  |  |
|---|---|---|---|---|---|---|---|
|  |  |  |  |  |  |  |  |
|  |  |  |  |  |  |  |  |
|  |  |  | 유 |  |  |  |  |
|  |  |  | 명 |  | 수 |  |  |
|  |  |  |  |  | 타 |  |  |
|  |  |  |  |  |  |  |  |
|  |  |  |  |  |  |  |  |
|  |  |  |  |  |  |  |  |

| 라 | 묵 | 도 | 유 | 코 |
|---|---|---|---|---|
| 타 | 명 | 테 | 수 | 채 |

★ 도전 시간 | **1분**

★ 만들 낱말 수 | **5개**

★ 만든 낱말 수 | **개**

그림으로 낱말 찾기

지시선이 가리키는 그림을 보고 사물의 이름이나 행동, 상태 등에 해당하는 낱말을 보기 에서 찾아 □ 안에 쓰세요.

❸ 이름씨

❹ 이름씨

❶ 이름씨

뭐라고? 녀나 잘하셔!

넌 어쩜 그렇게 솜씨가 좋니?

❷ 움직씨

그렇게 해서 인쇄가 제대로 되겠어!

❺ 움직씨

보기 ·미궁 ·수완 ·핀잔하다 ·성깔 ·여운 ·장승 ·동호회 ·편도 ·공인하다 ·인쇄하다

낱말 뜻 알기

□ 안에는 어떤 낱말의 첫 글자가 쓰여 있습니다. 이 첫 글자를 참고하여 □에 알 맞은 말을 넣어 낱말 풀이를 완성해 보세요.

❶ **수완** : 일을 꾸 □ 거나 치러 나가는 재 □ .

❷ **성깔** : 거친 성 □ 을 부리는 버 □ 이나 태도.

❸ **여운** : 아직 가 □ 지 않고 남아 있는 운 □ .

❹ **장승** : 돌이나 나무에 얼굴을 새겨서 마을 어 □ 나 길가에 세운 푯 □ .

❺ **동호회** : 같은 취 □ 를 가지고 함께 즐기는 사람의 모 □ .

❻ **편도** : 가고 오는 길 가운데 어느 한 □ .

**낱말 친구 사총사**

다음 보기 의 글에서 밑줄 친 말이 뜻하는 것을 올바르게 말하고 있는 친구는 누구인지 고르세요.

> 보기   퍼즐을 맞추다가 어느 순간 **미궁에 빠져** 버렸어.

❶ 문제가 얽혀서 쉽게 해결하지 못한다는 뜻이야.

❷ 아름다운 궁전으로 놀러간다는 뜻이야.

❸ 막바지에 이르러 힘이 빠져 버린다는 뜻이야.

❹ 꼬리표가 떨어져 나갔다는 뜻이야.

**연상되는 낱말 찾기**

다음은 세 낱말을 보고 공통으로 연상되는 낱말을 찾는 문제입니다. 세 낱말과 관련 있는 낱말을 써 보세요.

| 수호신 | 천하 대장군 | 지하 대장군 | → | |
| 취미 | 여가 | 모임 | → | |
| 종이 | 타자 | 찍어 내다 | → | |

**짧은 글짓기**

주어진 낱말을 이용하여 보기 와 같은 형식으로 짧은 글을 지어 보세요.

> 보기   누가 + 언제 + 왜 + 어떻게 했다

| 핀잔하다 | |
| 성깔 | |
| 여운 | |

## 낱말 쌈 싸 먹기

알쏭달쏭 헷갈리는 맞춤법, 띄어쓰기, 관용어, 한자어가 이제 한입에 쏙!
**하루에 한 쪽씩 맛있게 냠냠 해치우자!**

**맞춤법** ▶ 다음 문장에서 ( ) 안의 낱말 중 맞춤법이 맞는 낱말에 ○표 하세요.

다섯 문제를 다 ( 맞히면 , 맞추면 ) 실력을 인정해 줄게.

**띄어쓰기** ▶ 주어진 두 문장 중 하나에는 띄어쓰기가 틀린 부분이 있습니다. 둘 중 바르게 띄어쓰기를 한 문장을 찾아서 ○표 하세요.

㉮ **그만 하면** 됐지 뭘 더 바라세요?  ㉯ **그만하면** 됐지 뭘 더 바라세요?

도움말 '상태, 모양, 성질 따위의 정도가 그러하다.'는 뜻을 가진 한 낱말입니다.

**관용어** ▶ □ 안에 낱말을 넣어서 그림 속 상황과 어울리는 속담이나 격언 등을 만들어 보세요.

□□□에
□ 젖는 줄 모른다.

**한자어** ▶ 글의 의미에 맞게 □ 안에 들어갈 알맞은 사자성어를 보기 에서 찾아 써 보세요.

군자의 마음은 □□□□(와)과 같아 고요하지.

보기  · 명경지수(明鏡止水)  · 전전반측(輾轉反側)  · 연목구어(緣木求魚)

# 가로·세로 낱말 만들기

26

 주어진 글자를 연결하여 **25** 회에 공부한 낱말을 만들어 보세요.

|  |  |  |  |  |  |  |  |
|---|---|---|---|---|---|---|---|
|  |  |  |  |  |  |  |  |
|  |  |  |  |  |  |  |  |
|  |  |  |  |  |  |  |  |
|  | 운 | 수 | 동 |  |  |  |  |
|  |  |  | 공 |  |  |  |  |
|  |  |  |  |  |  |  |  |
|  |  |  |  |  |  |  |  |
|  |  |  |  |  |  |  |  |

| 수 | 운 | 동 | 공 | 쇄 |
|---|---|---|---|---|
| 회 | 인 | 여 | 완 | 호 |

| ★ 도전 시간 | 1분 |
|---|---|
| ★ 만들 낱말 수 | 5개 |
| ★ 만든 낱말 수 | 개 |

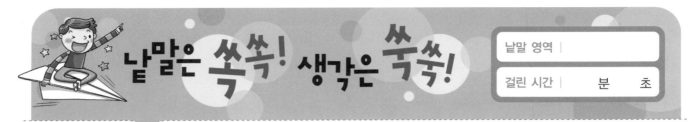

지시선이 가리키는 그림을 보고 사물의 이름이나 행동, 상태 등에 해당하는 낱말을 보기 에서 찾아 □ 안에 쓰세요.

❸ 이름씨

❶ 이름씨

❷ 이름씨

❹ 이름씨

❺ 이름씨

보기   • 환경    • 댐    • 대기    • 묘목    • 재해    • 국토    • 경제    • 직업    • 소득    • 기업

□ 안에는 어떤 낱말의 첫 글자가 쓰여 있습니다. 이 첫 글자를 참고하여 □에 알맞은 말을 넣어 낱말 풀이를 완성해 보세요.

❶ 댐 : 발□, 수□ 등의 목적으로 강물이나 바닷물을 막아 두기 위하여 쌓은 둑.

❷ 대기 : 천체(天體)의 표□을 둘러싸고 있는 기□. 공기를 달리 이르기도 함.

❸ 묘목 : 옮겨 심는 어린 나□.

❹ 소득 : 일정 기간 동안의 근□ 사□ 활동 및 자산의 운영 등에서 얻는 수□.

❺ 기업 : 영리(營利)를 얻기 위하여 재□ 나 용□을 생산하고 판매하는 조직체.

**낱말 친구 사총사**

다음 밑줄 친 낱말의 뜻이 다른 셋과 같지 <u>않은</u> 것은 어느 것인지 고르세요.

❶  버스를 타려면 정류장에서 **대기**하고 있어야 해.

❷  **대기** 상태가 불안해서 날씨가 들쭉날쭉하네.

❸  은행에 가면 **대기**표를 뽑고 난 뒤 순서를 기다려야 해.

❹  선생님께서 다음은 내 차례니까 **대기**하고 있으랬어.

**연상되는 낱말 찾기**

다음은 세 낱말을 보고 공통으로 연상되는 낱말을 찾는 문제입니다. 세 낱말과 관련 있는 낱말을 써 보세요.

| 태풍 | 가뭄 | 지진 | ➡ |  |
| 우리나라 | 땅 | 한반도 | ➡ |  |
| 생산 | 판매 | 조직체 | ➡ |  |

**짧은 글짓기**

주어진 낱말을 이용하여 **보기**와 같은 형식으로 짧은 글을 지어 보세요.

**보기**    언제 + 왜 + 무엇이 + 어떠하다

| 환경 |  |
| 경제 |  |
| 직업 |  |

# 낱말 쌈 싸 먹기

알쏭달쏭 헷갈리는 맞춤법, 띄어쓰기, 관용어, 한자어가 이제 한입에 쏙!
**하루에 한 쪽씩 맛있게 냠냠 해치우자!**

---

**맞춤법** 다음 문장에서 맞춤법이 틀린 낱말을 찾아 바르게 고쳐 써 보세요.

전기 기술자는 '이상 없슴'이라는 쪽지를 남겼습니다. (       ) → (       )

---

**띄어쓰기** 주어진 두 문장 중 하나에는 띄어쓰기가 틀린 부분이 있습니다. 둘 중 바르게 띄어쓰기를 한 문장을 찾아서 ○표 하세요.

㉮ 차라리 **굶을지 언정** 구걸하고 싶지는 않구나.     ㉯ 차라리 **굶을지언정** 구걸하고 싶지는 않구나.

**도움말** '굶다'는 '굶고', '굶으니', '굶어서' 등과 같이 활용할 수 있습니다. 이때 '굶'에 붙어 있는 '고', '으니', '어서' 등을 어미라고 합니다.

---

**관용어** □ 안에 낱말을 넣어서 그림 속 상황과 어울리는 속담이나 격언 등을 만들어 보세요.

> 그 친구는 평소 모습이나 성격, 어디 흠 잡을 곳이 없었어.

> 그렇긴 해도, 세상에 완벽한 사람은 없어.

흠

털어서 □□
안 나는 사람 없다

---

**한자어** 글의 의미에 맞게 □ 안에 들어갈 알맞은 한자어를 **보기**에서 찾아 써 보세요.

유네스코가 지정한 세계 □□을 널리 알리고 □□하는 데 다함께 힘씁시다.

**보기** ·遺産    ·秩序    ·保存    ·保有

---

# 가로·세로 낱말 만들기

 주어진 글자를 연결하여 **26** 회에 공부한 낱말을 만들어 보세요.

|  |  |  |  |  |  |  |  |
|---|---|---|---|---|---|---|---|
|  |  |  |  |  |  |  |  |
|  |  |  |  |  |  |  |  |
|  |  |  |  |  |  |  |  |
|  |  |  | 묘 | 소 |  |  |  |
|  | 국 |  |  |  |  |  |  |
|  | 경 |  |  |  |  |  |  |
|  |  |  |  |  |  |  |  |
|  |  |  |  |  |  |  |  |

| 목 | 환 | 업 | 소 | 직 |
|---|---|---|---|---|
| 득 | 토 | 묘 | 경 | 국 |

| ★ 도전 시간 | **1분** |
|---|---|
| ★ 만들 낱말 수 | **5개** |
| ★ 만든 낱말 수 | **개** |

낱말은 쏙쏙! 생각은 쑥쑥!

낱말 영역 |

걸린 시간 | 　　분　　초

**그림으로 낱말 찾기**

지시선이 가리키는 그림을 보고 사물의 이름이나 행동, 상태 등에 해당하는 낱말을 보기 에서 찾아 ☐ 안에 쓰세요.

❸ 움직씨

❶ 이름씨

물

❷ 이름씨

❹ 이름씨

❺ 이름씨

보기 　· 안개　· 지하수　· 이끼　· 곰팡이　· 물갈퀴　· 적응하다　· 지시약　· 산성　· 염기성　· 측정하다

**낱말 뜻 알기**

☐ 안에는 어떤 낱말의 첫 글자가 쓰여 있습니다. 이 첫 글자를 참고하여 ☐에 알맞은 말을 넣어 낱말 풀이를 완성해 보세요.

❶ **안개** : 지☐☐ 가까이에 아주 작은 물☐☐이 부옇게 떠 있는 현상.

❷ **이끼** : 선태식물 지의류에 속하는 은화식물을 통틀어 이르는 말. 주로 고목이나 바☐, 습☐에서 자람.

❸ **곰팡이** : 몸의 구☐가 간단한 하등 균☐를 통틀어 이르는 말.

❹ **지시약** : 침☐☐의 형성이나 색의 변화 등으로 반☐을 판☐하는 데 쓰는 시약.

❺ **염기성** : 산의 작용을 중☐하고 산과 작용하여 염과 물만을 만드는 성☐.

**낱말 친구 사총사**

다음 밑줄 친 낱말의 뜻이 다른 셋과 같지 <u>않은</u> 것은 어느 것인지 고르세요.

❶
집 뒤편에 있는 성벽은 **산성**의 일부라고 하더군요.

❷
**산성**에 가까워질수록 시험지는 더 붉게 변해.

❸
적들의 외침을 막으려고 높은 곳에 **산성**을 쌓았지.

❹
**산성**이 무너지고 난 자리에는 잡초만 무성히 자랐어.

**연상되는 낱말 찾기**

다음은 세 낱말을 보고 공통으로 연상되는 낱말을 찾는 문제입니다. 세 낱말과 관련 있는 낱말을 써 보세요.

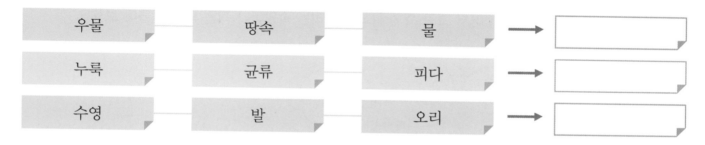

| 우물 | 땅속 | 물 | → | |
| 누룩 | 균류 | 피다 | → | |
| 수영 | 발 | 오리 | → | |

**짧은 글짓기**

주어진 낱말을 이용하여 **보기** 와 같은 형식으로 짧은 글을 지어 보세요.

**보기**  어디서 + 언제 + 왜 + 무엇이 + 할 것이다

| 안개 | |
| 적응하다 | |
| 측정 | |

# 낱말 쌈 싸 먹기

알쏭달쏭 헷갈리는 맞춤법, 띄어쓰기, 관용어,
한자어가 이제 한입에 쏙!
**하루에 한 쪽씩 맛있게 냠냠 해치우자!**

---

**맞춤법** ── 다음 문장에서 ( ) 안의 낱말 중 맞춤법이 맞는 낱말에 ○표 하세요.

> 이곳에서 물건을 많이 샀으니 땅콩 한 ( 움큼 , 웅큼 )만 더 주세요.

---

**띄어쓰기** 주어진 두 문장 중 하나에는 띄어쓰기가 틀린 부분이 있습니다. 둘 중 바르게 띄어쓰기를 한 문장을 찾아서 ○표 하세요.

㉮ 참으로 **어처구니없는** 일입니다.

㉯ 참으로 **어처구니 없는** 일입니다.

도움말 '일이 너무 뜻밖이어서 기가 막히다.' 라는 뜻을 가진 한 낱말입니다.

---

**관용어** ── □ 안에 낱말을 넣어서 그림 속 상황과 어울리는 속담이나 격언 등을 만들어 보세요.

□ 보다 □□ 이
좋다

---

**한자어** ── 글의 의미에 맞게 □ 안에 들어갈 알맞은 사자성어를 보기 에서 찾아 써 보세요.

사건의 진상은 이제 □□□□ 해졌으니, 바로 범인을 체포해야 합니다.

보기 • 갑론을박(甲論乙駁) • 명약관화(明若觀火) • 반포지효(反哺之孝)

---

# 가로·세로 낱말 만들기

28

 주어진 글자를 연결하여 **27** 회에 공부한 낱말을 만들어 보세요.

|  |  |  |  |  |  |  |  |
|---|---|---|---|---|---|---|---|
|  |  |  |  |  |  |  |  |
|  |  |  |  |  |  |  |  |
|  |  |  |  | 정 |  |  |  |
|  |  |  | 성 | 적 |  |  |  |
|  |  |  |  |  |  |  |  |
|  |  |  |  |  |  |  |  |
|  |  |  |  |  |  |  |  |
|  |  |  |  |  |  |  |  |

| 갈 | 적 | 성 | 정 | 응 |
|---|---|---|---|---|
| 기 | 측 | 퀴 | 염 | 물 |

| ★ 도전 시간 | **1분** |
|---|---|
| ★ 만들 낱말 수 | **4개** |
| ★ 만든 낱말 수 | **개** |

### 그림으로 낱말 찾기

지시선이 가리키는 그림을 보고 사물의 이름이나 행동, 상태 등에 해당하는 낱말을 **보기** 에서 찾아 ☐ 안에 쓰세요.

❶ 이름씨

❷ 이름씨

❸ 이름씨

❹ 이름씨

❺ 이름씨

**보기** ・존중 ・권익 ・사생활 ・다수결 ・훼손 ・처지 ・동의 ・재청 ・절차 ・의장

---

### 낱말 뜻 알기

☐ 안에는 어떤 낱말의 첫 글자가 쓰여 있습니다. 이 첫 글자를 참고하여 ☐에 알맞은 말을 넣어 낱말 풀이를 완성해 보세요.

❶ **존중** : 높이어 귀☐ 하게 대함.

❷ **다수결** : 회☐ 에서 많은 사람의 의견에 따라 안☐ 의 가부를 결정하는 일.

❸ **처지** : 처하여 있는 사☐ 이나 형☐.

❹ **동의** : 의☐ 나 의견을 같이함.

❺ **절차** : 일을 치르는 데 거쳐야 하는 순☐ 나 방☐.

**낱말 친구 사총사**

다음 밑줄 친 낱말 중 다른 세 낱말과 거리가 먼 낱말을 말하는 친구를 고르세요.

**①** 충분한 토의를 거쳤다면 이제 **다수결**로 결정해.

**②** 제 말에 **동의**하는 사람은 손을 들어 주세요.

**③** 회의를 이끌어 가는 사람을 **의장**이라고 해.

**④** 인간은 누구나 **평등**한 존재라고 배웠어.

**연상되는 낱말 찾기**

다음은 세 낱말을 보고 공통으로 연상되는 낱말을 찾는 문제입니다. 세 낱말과 관련 있는 낱말을 써 보세요.

| 개인 | 사사롭다 | 일상 | ➡ | |
| 손상 | 헐다 | 깨뜨리다 | ➡ | |
| 찬성 | 반복 | 회의 | ➡ | |

**짧은 글짓기**

주어진 낱말을 이용하여 보기와 같은 형식으로 짧은 글을 지어 보세요.

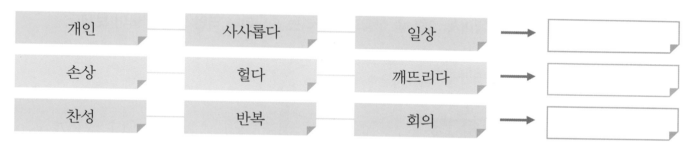

**보기**    누가 + 왜 + 무엇을 + 어떻게 해야 한다

| 존중 | |
| 권익 | |
| 처지 | |

# 낱말 쌈 싸 먹기

알쏭달쏭 헷갈리는 맞춤법, 띄어쓰기, 관용어, 한자어가 이제 한입에 쏙!
**하루에 한 쪽씩 맛있게 냠냠 해치우자!**

**맞춤법** 다음 문장에서 맞춤법이 틀린 낱말을 찾아 바르게 고쳐 써 보세요.

아이들이 다투는 것은 으례 있는 일이다.　　( 　　　　 ) → ( 　　　　 )

**띄어쓰기** 주어진 두 문장 중 하나에는 띄어쓰기가 틀린 부분이 있습니다. 둘 중 바르게 띄어쓰기를 한 문장을 찾아서 ○표 하세요.

㉠ 네 **작은 집**에 가서 숙모 좀 뵙고 오너라.

㉡ 네 **작은집**에 가서 숙모 좀 뵙고 오너라.

**도움말** '따로 살림하는 아들이나 아우, 작은 아버지의 집'을 뜻하는 한 낱말입니다.

**관용어** □ 안에 낱말을 넣어서 그림 속 상황과 어울리는 속담이나 격언 등을 만들어 보세요.

우리 아이가 다쳤을 때 도와주셔서 감사해요.

뭘요, 같은 동네에 사는데, 먼저 본 사람이 도와야죠.

먼 □□ 보다 가까운

□□ 이 낫다

**한자어** 글의 의미에 맞게 □ 안에 들어갈 알맞은 한자어를 **보기**에서 찾아 써 보세요.

평생을 약속한 □□ 인데 결혼 전의 □□ 에 못 미친다고 실망하지 말자.

**보기**　· 親舊　· 期待　· 夫婦　· 兄弟

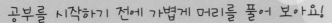

# 가로·세로 낱말 만들기

## 29

주어진 글자를 연결하여 **28** 회에 공부한 낱말을 만들어 보세요.

|  |  |  |  |  |  |  |  |
|---|---|---|---|---|---|---|---|
|  |  |  |  |  |  |  |  |
|  |  |  |  |  |  |  |  |
|  |  |  |  |  |  |  |  |
|  |  |  |  |  |  |  |  |
|  |  |  | 결 | 생 | 존 |  |  |
|  |  |  | 손 |  |  |  |  |
|  |  |  |  |  |  |  |  |
|  |  |  |  |  |  |  |  |

| 수 | 존 | 다 | 활 | 손 |
|---|---|---|---|---|
| 생 | 훼 | 사 | 중 | 결 |

★ 도전 시간 | **1분**

★ 만들 낱말 수 | **4개**

★ 만든 낱말 수 | 개

# 낱말은 쏙쏙! 생각은 쑥쑥!

**그림으로 낱말 찾기**

지시선이 가리키는 그림을 보고 사물의 이름이나 행동, 상태 등에 해당하는 낱말을 **보기**에서 찾아 □ 안에 쓰세요.

❸ 이름씨

❶ 이름씨

❷ 이름씨

❹ 이름씨

❺ 이름씨

**보기** ·용돈  ·수입  ·지출  ·예산  ·결산  ·금융  ·계좌  ·인출  ·전표  ·수표

**낱말 뜻 알기**

□ 안에는 어떤 낱말의 첫 글자가 쓰여 있습니다. 이 첫 글자를 참고하여 □에 알맞은 말을 넣어 낱말 풀이를 완성해 보세요.

❶ **용돈** : 특별한 [목]□을 갖지 않고 [자]□롭게 쓸 수 있는 돈.

❷ **예산** : 필요한 [비]□을 미리 헤아려 [계]□함.

❸ **결산** : 일정한 기간 동안의 [수]□과 [지]□을 마감하여 계산함.

❹ **전표** : 은행, 회사 등에서 금전의 [출]□이나 [거]□ 내용을 간단히 적은 [쪽]□.

❺ **수표** : 은행에 당좌 [예]□을 가진 사람이 소지인에게 일정한 금액을 줄 것을 [위]□하는 유가 증권. 횡선 수표, 보증 수표, 암수표 따위가 있음.

**낱말 친구 사총사**

다음 밑줄 친 낱말의 의미가 다른 셋과 같지 <u>않은</u> 것은 어느 것인지 고르세요.

❶ 이번 달 수입을 **결산**해 보니 적자가 났어.

❷ 세금은 세무서의 **결산** 자료를 참고하여 결정되었어.

❸ 상반기 가요계를 **결산**해 보니 걸 그룹이 대세야.

❹ **결산**이 잘못되지 않도록 꼼꼼히 계산해야 해.

**연상되는 낱말 찾기**

다음은 세 낱말을 보고 공통으로 연상되는 낱말을 찾는 문제입니다. 세 낱말과 관련 있는 낱말을 써 보세요.

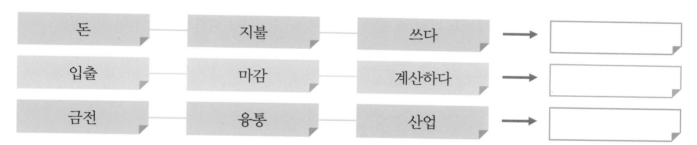

| 돈 | 지불 | 쓰다 | → |  |
| 입출 | 마감 | 계산하다 | → |  |
| 금전 | 융통 | 산업 | → |  |

**짧은 글짓기**

주어진 낱말을 이용하여 보기 와 같은 형식으로 짧은 글을 지어 보세요.

보기　누가 + 언제 + 무엇을 + 어떻게 했다

| 용돈 | |
| 계좌 | |
| 수표 | |

# 낱말 쌈 싸 먹기

알쏭달쏭 헛갈리는 맞춤법, 띄어쓰기, 관용어, 한자어가 이제 한입에 쏙!
**하루에 한 쪽씩 맛있게 냠냠 해치우자!**

**맞춤법** 다음 문장에서 ( ) 안의 낱말 중 맞춤법이 맞는 낱말에 ○표 하세요.

관군들이 패하자 ( 지푸라기 , 지푸래기 )라도 잡는 마음으로 의병을 모았습니다.

**띄어쓰기** 주어진 두 문장 중 하나에는 띄어쓰기가 틀린 부분이 있습니다. 둘 중 바르게 띄어쓰기를 한 문장을 찾아서 ○표 하세요.

㉮ 내가 꽃병을 깨뜨렸다고 **오해 받다니**…….

㉯ 내가 꽃병을 깨뜨렸다고 **오해받다니**…….

**도움말** 다른 낱말에 붙어 새로운 낱말을 구성하는 부분을 접사라고 합니다. '받다'는 움직씨를 만드는 접사입니다.

**관용어** ☐ 안에 낱말을 넣어서 그림 속 상황과 어울리는 속담이나 격언 등을 만들어 보세요.

☐에서 인심 난다

**한자어** 글의 의미에 맞게 ☐ 안에 들어갈 알맞은 사자성어를 보기 에서 찾아 써 보세요.

☐☐☐☐은 '낫 놓고 기역 자도 모른다.'라는 말과 같아.

보기  • 목불식정(目不識丁)  • 식자우환(識字憂患)  • 호구지책(糊口之策)

# 가로·세로 낱말 만들기

 주어진 글자를 연결하여 29 회에 공부한 낱말을 만들어 보세요.

|  |  |  |  |  |  |  |  |
|---|---|---|---|---|---|---|---|
|  |  |  |  |  |  |  |  |
|  |  |  |  |  |  |  |  |
|  |  |  |  | 인 | 계 |  |  |
|  |  | 예 | 지 |  |  |  |  |
|  |  |  |  |  |  |  |  |
|  |  |  |  |  |  |  |  |
|  |  |  |  |  |  |  |  |
|  |  |  |  |  |  |  |  |

| 좌 | 산 | 지 | 결 | 금 |
|---|---|---|---|---|
| 출 | 융 | 예 | 계 | 인 |

★ 도전 시간 | **1분**

★ 만들 낱말 수 | **6개**

★ 만든 낱말 수 | **개**

## 낱말은 쏙쏙! 생각은 쑥쑥!

낱말 영역 |

걸린 시간 | 분 초

**그림으로 낱말 찾기**

지시선이 가리키는 그림을 보고 사물의 이름이나 행동, 상태 등에 해당하는 낱말을 보기 에서 찾아 ☐ 안에 쓰세요.

❶ 이름씨 ☐☐

❷ 이름씨 ☐☐

❸ 이름씨 ☐☐

❹ 이름씨 ☐☐

❺ 이름씨 ☐☐

보기 •인대 •반동 •착지 •구간 •상체 •원반 •하키 •스키 •발레 •승무

**낱말 뜻 알기**

☐ 안에는 어떤 낱말의 첫 글자가 쓰여 있습니다. 이 첫 글자를 참고하여 ☐에 알맞은 말을 넣어 낱말 풀이를 완성해 보세요.

❶ **인대** : 관☐ 의 뼈 사이와 그 주위에 있는, 노끈이나 띠 모양의 결합 조☐ .

❷ **착지** : 공☐ 에서 땅으로 내리는 동☐ .

❸ **구간** : 어떤 지☐ 과 다른 지☐ 과의 사☐ .

❹ **스키** : 판 모양의 기구를 신고 눈 위를 달리고 활☐ 하고 점☐ 하는 운동.

❺ **승무** : 장삼과 고☐ 을 걸치고 북☐ 를 쥐고 추는 민☐ 춤.

**낱말 친구 사총사**

다음 밑줄 친 낱말 중 다른 세 낱말과 거리가 먼 낱말을 말하는 친구를 고르세요.

❶  우아한 **발레**를 보고 있으면 백조가 떠올라.

❷  **승무**는 낯설기도 하지만 동작은 멋진 것 같아.

❸  **부채춤**을 보면 나비가 날아다니는 모습이 상상이 돼.

❹  다가오는 추석에는 **강강술래**를 하기로 했어.

**연상되는 낱말 찾기**

다음은 세 낱말을 보고 공통으로 연상되는 낱말을 찾는 문제입니다. 세 낱말과 관련 있는 낱말을 써 보세요.

| 관절 | 연결하다 | 뼈 | → | |
|---|---|---|---|---|
| 백조 | 무용 | 프랑스 | → | |
| 승려 | 전통 | 춤 | → | |

**짧은 글짓기**

주어진 낱말을 이용하여 (보기)와 같은 형식으로 짧은 글을 지어 보세요.

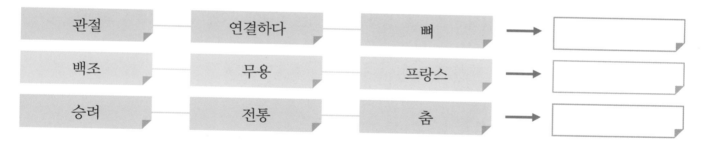

보기    언제 + 왜 + 무엇을 + 어떻게 하는 게 좋다

| 반동 | |
|---|---|
| 착지 | |
| 상체 | |

# 낱말 쌈 싸 먹기

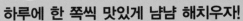 알쏭달쏭 헷갈리는 맞춤법, 띄어쓰기, 관용어, 한자어가 이제 한입에 쏙!
**하루에 한 쪽씩 맛있게 냠냠 해치우자!**

---

**맞춤법** 다음 문장에서 맞춤법이 **틀린** 낱말을 찾아 바르게 고쳐 써 보세요.

선생님의 눈은 촉촉히 젖어 있었다.    (          ) → (          )

---

**띄어쓰기** 주어진 두 문장 중 하나에는 띄어쓰기가 틀린 부분이 있습니다. 둘 중 바르게 띄어쓰기를 한 문장을 찾아서 ○표 하세요.

㉮ 마땅한 방법이 **떠 오르지** 않아.        ㉯ 마땅한 방법이 **떠오르지** 않아.

도움말 '생각이 나다.'는 뜻을 가진 한 낱말입니다.

---

**관용어** □ 안에 낱말을 넣어서 그림 속 상황과 어울리는 속담이나 격언 등을 만들어 보세요.

여기가 우리 텃밭이에요?

그럼, 텃밭을 가꾸면 몸도 튼튼해지고 신선한 채소도 거둘 수 있지.

□□ 좋고
매부 좋다

---

**한자어** 글의 의미에 맞게 □ 안에 들어갈 알맞은 한자어를 보기 에서 찾아 써 보세요.

□□의 차이를 줄이기 위한 우리 □□의 노력이 필요합니다.

보기 ·貧富    ·事實    ·職業    ·社會

---

# 한글 맞춤법
# 알아보기

공습국어 초등어휘의 낱말 쌈 싸먹기 꼭지에서는 맞춤법과 띄어쓰기, 그리고 관용어와 관련된 문제를 풀게 됩니다. 그런데 맞춤법이나 띄어쓰기의 경우 미리 약속한 규칙이 있어서 이를 잘 알지 못하면 문제를 풀기 쉽지 않습니다. 따라서 문제를 풀기 전에 맞춤법과 띄어쓰기에 관련하여 약속된 규칙을 꼼꼼히 살펴보는 것이 필요합니다.

한글 맞춤법 알아보기에서는 국립국어원의 한글 맞춤법과 표준어 규정 중에서 낱말 쌈 싸먹기의 맞춤법과 띄어쓰기에 나오는 낱말에 해당하는 규칙들을 살펴 볼 것입니다. 문법 용어나 설명하는 내용이 다소 어렵게 느껴지겠지만 문제를 풀기 위해서 꼭 알아두어야 할 규칙이므로 자주 읽어보면서 머릿속에 기억해 두기 바랍니다.

★ 맞춤법과 띄어쓰기와 관련된 용어 및 설명은 국립국어원 홈페이지(www.korean.go.kr)의 어문 규정을 따랐음을 밝힙니다. 아울러 지면상 본 교재에서 다루지 못한 부분이나 맞춤법과 띄어쓰기에 관련된 좀 더 자세한 정보는 국립국어원 홈페이지를 참고해 주시기 바랍니다.

# 한글 맞춤법의 기본 원칙

한글 맞춤법 총칙 1장 1항에 보면 '한글 맞춤법은 표준어를 소리대로 적되, 어법에 맞도록 함을 원칙으로 한다.' 라고 되어 있습니다. 우리말은 표음문자, 즉 말소리를 그대로 기호로 나타낸 문자이기 때문에 소리대로 글자를 적지만 모든 낱말을 소리대로 적을 수는 없습니다. 왜냐하면 우리말에는 소리가 비슷한 낱말들이 많이 있고 같은 글자라도 어떤 글자와 결합하느냐에 따라 소리가 달라져서 소리대로 적을 경우 그 뜻을 분간하기 어렵기 때문입니다. 꽃을 예를 들어 설명해 볼까요?

| | | |
|---|---|---|
| • 꽃이 ➡ 꼬치 | • 꽃나무 ➡ 꼰나무 | • 꽃밭 ➡ 꼳빧 |

위와 같이 소리대로 적으면 '꽃' 이라고 하는 원래 모양이 사라져 버리고 글자 모양도 매번 달라져서 뜻을 파악하기가 매우 불편해 집니다. 그래서 소리대로 적긴 하지만 원래 모양을 밝혀 적어야 함을 원칙으로 세운 것입니다.

그럼 맞춤법에 맞게 글을 쓰기 위해 알아 두어야 할 몇 가지 규칙을 살펴볼까요?

## ● 된소리가 나지만 된소리로 적지 않는 경우

된소리는 'ㄲ, ㄸ, ㅃ, ㅆ, ㅉ'으로 발음되는 소리입니다. 다음은 된소리가 나지만 된소리로 적지 않는 경우입니다.

| | | |
|---|---|---|
| • 국수(○), 국쑤(×) | • 깍두기(○), 깍뚜기(×) | • 갑자기(○), 갑짜기(×) |
| • 법석(○), 법썩(×) | • 뚝배기(○), 뚝빼기(×) | • 납작하다(○), 납짝하다(×) |
| • 떡볶이(○), 떡뽁끼(×) | • 몹시(○), 몹씨(×) | • 거꾸로(○), 꺼꾸로(×) |
| • 고깔(○), 꼬깔(×) | • 눈곱(○), 눈꼽(×) | • 돌부리(○), 돌뿌리(×) |

## ● 예사소리가 아니라 된소리나 거센 소리로 적어야 하는 경우

된소리나 거센 소리로 적어야 하는 낱말 중 예사소리로 적는 것으로 잘못 알고 있는 경우가 있습니다. 다음은 된소리로 적어야 하는 낱말입니다.

| | | |
|---|---|---|
| • 나무꾼(○), 나뭇군(×) | • 날짜(○), 날자(×) | • 살코기(○), 살고기(×) |
| • 눈썹(○), 눈섶(×) | • 머리카락(○), 머리가락(×) | • 수탉(○), 수닭(×) |
| • 팔꿈치(○), 팔굼치(×) | | |

● 'ㅈ, ㅊ'으로 소리가 나도 'ㄷ, ㅌ'으로 적는 경우

'ㄷ, ㅌ' 받침이 있는 글자 다음에 '이'나 '히'가 와서 'ㅈ, ㅊ'으로 소리가 나더라도 'ㄷ, ㅌ'으로 적습니다.

| | | |
|---|---|---|
| • 해돋이(O), 해도지(×) | • 끝이(O), 끄치(×) | • 닫히다(O), 다치다(×) |

● 한자어의 첫소리가 'ㄴ, ㄹ'일 때 'ㅇ'으로 적는 경우

한자음 '녀, 뇨, 뉴, 니'가 낱말의 첫머리에 올 적에는, '여, 요, 유, 이'로 적습니다. 또한 한자음 '랴, 려, 례, 료, 류, 리'가 낱말의 첫머리에 올 때에도, '야, 여, 예, 요, 유, 이'로 적습니다.

| | | |
|---|---|---|
| • 여자(O), 녀자(×) | • 연세(O), 년세(×) | • 요소(O), 뇨소(×) |
| • 양심(O), 량심(×) | • 역사(O), 력사(×) | • 예의(O), 례의(×) |

● 한자어의 첫소리가 'ㄹ'일 때 'ㄴ'으로 적는 경우

한자음 '라, 래, 로, 뢰, 루, 르'가 단어의 첫머리에 올 적에는, '나, 내, 노, 뇌, 누, 느'로 적습니다.

| | | |
|---|---|---|
| • 낙원(O), 락원(×) | • 내일(O), 래일(×) | • 노동(O), 로동(×) |

● 받침소리가 원래 글자와 다른 경우

우리말 받침소리는 'ㄱ, ㄴ, ㄷ, ㄹ, ㅁ, ㅂ, ㅇ'의 7개 자음만 발음하지만 받침에는 쌍자음을 비롯하여 모든 자음을 쓸 수 있습니다. 따라서 소리 나는 대로 받침을 적을 경우 틀릴 수 있으니 주의해야 합니다.

| | | |
|---|---|---|
| • 곶감(O), 곧깜(×) | • 갓길(O), 갇낄(×) | • 곳간(O), 곧깐(×) |
| • 깎다(O), 깍따(×) | • 꺾다(O), 꺽따(×) | • 닦다(O), 닥따(×) |
| • 굵다(O), 굼따(×) | • 넓다(O), 널따(×) | • 무릎(O), 무릅(×) |
| • 옛날(O), 옌날(×) | • 풀잎(O), 풀입(×) | • 넋두리(O), 넉두리(×) |
| • 여덟(O), 여덜(×) | • 이튿날(O), 이튼날(×) | • 싫증(O), 실쯩(×) |
| • 부엌(O), 부억(×) | | |

● 발음이 비슷하여 잘못 쓰기 쉬운 경우 1

모음 'ㅔ'와 'ㅐ', 그리고 'ㅖ'는 소리를 구별하기 어려워 잘못 쓰기 쉽습니다.

- 가게(O), 가개(×)
- 핑계(O), 핑게(×)
- 게양(O), 계양(×)
- 어깨(O), 어께(×)
- 돌멩이(O), 돌맹이(×)
- 메밀국수(O), 매밀국수(×)

- 메뚜기(O), 매뚜기(×)
- 절레절레(O), 절래절래(×)
- 휴게실(O), 휴계실(×)
- 지게(O), 지개(×)
- 수수께끼(O), 수수깨끼(×)

- 찌개(O), 찌게(×)
- 게시판(O), 계시판(×)
- 배게(O), 배개(×)
- 지우개(O), 지우게(×)
- 술래잡기(O), 술레잡기(×)

● 발음이 비슷하여 잘못 쓰기 쉬운 경우 2

모음 'ㅣ'와 'ㅢ'는 소리를 구별하기 어려워 잘못 쓰기 쉽습니다.

- 무늬(O), 무니(×)

● 한 낱말 안에서 같은 음절이나 비슷한 음절이 겹쳐 나는 경우

한글 맞춤법에서는 낱말 안에서 같은 음절이나 비슷한 음절이 겹쳐 나면 같은 글자로 적습니다. 예를 들어 '딱따구리'는 'ㄸ'음이 한 낱말에서 겹쳐나기 때문에 '딱다구리'라고 쓰지 않습니다.

- 짭짤하다(O), 짭잘하다(×)
- 똑딱똑딱(O), 똑닥똑닥(×)

- 씁쓸하다(O), 씁슬하다(×)
- 꼿꼿하다(O), 꼿곳하다(×)

- 씩씩하다(O), 씩식하다(×)
- 밋밋하다(O), 민밋하다(×)

● '-장이'로 쓰는 경우와 '-쟁이'로 쓰는 경우

기술자를 뜻할 때는 '-장이'로, 그 외에는 '-쟁이'로 써야 합니다.

- 멋쟁이(O), 멋장이(×)
- 미장이(O), 미쟁이(×)

- 개구쟁이(O), 개구장이(×)
- 대장장이(O), 대장쟁이(×)

- 난쟁이(O), 난장이(×)
- 겁쟁이(O), 겁장이(×)

● **의성어와 의태어에서 모음조화 현상을 따르지 않는 경우**

모음을 구분할 때 'ㅏ, ㅗ' 따위를 양성 모음이라고 하고, 'ㅓ, ㅜ' 따위를 음성 모음이라고 합니다. 모음조화란 양성 모음은 양성 모음끼리, 음성 모음은 음성 모음끼리 어울리는 현상을 말합니다. '얼룩덜룩', '알록달록' 과 같이 소리나 모양을 흉내 낸 의성어와 의태어의 경우는 모음조화의 원칙에 따라 낱말을 적습니다. 하지만 모음조화 현상을 따르지 않는 예외도 있습니다. 이 예외적인 경우 이외에는 모음조화 현상에 따라 의성어와 의태어를 써야 합니다.

---

- 오순도순(O), 오손도손(×)
- 깡충깡충(O), 깡총깡총(×)
- 소꿉장난(O), 소꼽장난(×)

---

● **발음에 변화가 일어나 새롭게 정한 표준어**

원래는 둘 다 표준어였지만 자음이나 모음의 발음에 변화가 일어나 하나만 둘 중 하나만 표준어가 된 경우가 있습니다. 표준어와 비표준어를 혼동하지 않도록 주의 합니다.

---

- 강낭콩(O), 강남콩(×)
- 부딪치다(O), 부딪히다(×)
- 빈털터리(O), 빈털털이(×)
- 숟가락(O), 숫가락(×)
- 짜깁기(O), 짜집기(×)
- 무(O), 무우(×)
- 내로라하다(O), 내노라하다(×)
- 서슴지(O), 서슴치(×)
- 셋째(O), 세째(×)
- 없음(O), 없슴(×)
- 할게(O), 할께(×)
- 구절(O), 귀절(×)
- 미숫가루(O), 미싯가루(×)
- 홀아비(O), 홀애비(×)

- 며칠(O), 몇일(×)
- 상추(O), 상치(×)
- 삐치다(O), 삐지다(×)
- 사글세(O), 삯월세(×)
- 자장면(O), 짜장면(×)
- 김치 소(O), 김치 속(×)
- 뒤꼍(O), 뒤켠(×)
- 넉넉지(O), 넉넉치(×)
- 수탉(O), 숫닭(×)
- 엊그저께(O), 엇그저께(×)
- 해님(O), 햇님(×)
- 끼어들다(O), 끼여들다(×)
- 트림(O), 트름(×)
- 쌍둥이(O), 쌍동이(×)

- 맞추다(O), 마추다(×)
- 설거지(O), 설겆이(×)
- 삼수갑산(O), 산수갑산(×)
- 수퇘지(O), 숫돼지(×)
- 우레(O), 우뢰(×)
- 멀리뛰기(O), 넓이뛰기(×)
- 밭다리(O), 밧다리(×)
- 수평아리(O), 숫평아리(×)
- 암캐(O), 암개(×)
- 어쨌든(O), 여쨌든(×)
- 예쁘다(O), 이쁘다(×)
- 할인(O), 활인(×)
- 장구(O), 장고(×)

● **뜻을 구별하여 사용해야 하는 낱말**

우리말에는 뜻은 다른데 글자나 발음이 비슷한 낱말이나 둘 이상의 낱말이 비슷한 뜻을 가져서 어떤 낱말을 사용해야 할지 애매한 경우가 많이 있습니다.

- 걸음 : '걷다'의 명사형 / 거름 : 땅을 기름지게 하는 물질
- 바라다 : 그렇게 되었으면 하고 생각하다. / 바래다 : 색이 바래다. 또는 배웅하다.
- 얼음 : 물이 굳은 것 / 어름 : 구역과 구역의 경계점
- 웃옷 : 겉에 입는 옷 / 윗옷 : 위에 입는 옷
- 장사 : 물건을 파는 일 / 장수 : 장사하는 사람
- 짖다 : 소리를 내다. / 짓다 : 무엇을 만들다.
- 가리키다 : 방향이나 대상을 알리다. / 가르치다 : 지식이나 기능을 알게 하다.
- 다르다 : 서로 같지 않다. / 틀리다 : 그르거나 어긋나다.
- 반듯이 : 굽지 않고 바르다. / 반드시 : 틀림없이, 꼭
- 부치다 : 편지나 물건 등을 보내다. / 붙이다 : 떨어지지 않게 하다.
- 잊어버리다 : 생각이 나지 않다. / 잃어버리다 : 물건이 없어져 갖고 있지 않다.
- 늘리다 : 커지거나 많게 되다. / 늘이다 : 원래보다 더 길게 하다.
- 돋구다 : 안경의 도수 따위를 높이다. / 돋우다 : 위로 올려 도드라지거나 높아지게 하다.
- 댕기다 : 불이 옮아 붙다. / 당기다 : 마음이나 몸이 끌리다.
- 다리다 : 다리미로 옷을 문지르다. / 달이다 : 액체 따위를 끓여서 진하게 만들다.
- 비치다 : 빛을 받아 모양이 나타나 보이다. / 비추다 : 빛을 다른 대상이 받게 하다.
- 빌다 : 간청하거나 호소하다. / 빌리다 : 남의 물건이나 돈을 얼마 동안 쓰다.
- 살지다 : 살이 많고 튼실하다. / 살찌다 : 몸에 살이 필요 이상으로 많아지다.
- 벌이다 : 일 따위를 시작하거나 펼쳐 놓다. / 벌리다 : 둘 사이를 넓히거나 멀게 하다.

# 띄어쓰기의 기본 원칙

한글 맞춤법 1장 2항에 의하면 '문장의 각 단어는 띄어 씀을 원칙으로 한다.' 고 되어 있습니다. 그렇다고 모든 낱말을 띄어서 쓰는 것은 아닙니다. '나는 학생입니다.' 라는 문장을 보면 '나' 와 '는' 은 각각 다른 낱말이지만 붙여 쓴 걸 알 수 있습니다. 두 낱말은 붙여 쓴 것은 '는' 이 독자적인 의미를 갖고 있지 않기 때문입니다.

이처럼 낱말을 붙여 쓸 때도 있기 때문에 띄어쓰기는 항상 헷갈리지만 몇 가지 규칙을 기억해 두면 띄어쓰기에 대해 자신감을 가질 수 있을 것입니다.

## ● 조사는 그 앞말에 붙여 쓴다

낱말은 명사(이름씨), 동사(움직씨), 형용사(그림씨), 부사(어찌씨), 조사 등과 같이 품사에 따라 구분할 수 있는데, 조사는 독자적인 의미가 없이 명사 뒤에 붙어 명사를 주어, 목적어, 서술어 등으로 만드는 기능적 역할을 담당합니다.

| | | | | | |
|---|---|---|---|---|---|
| ~까지 | 학교**까지** | ~치고 | 양반**치고** | ~밖에 | 너**밖에** |
| ~같이 | 사자**같이** | ~(이)든지 | 누구**든지** | ~대로 | 이**대로** |
| ~더러 | 누구**더러** | ~조차 | 너**조차** | ~에설랑 | 바다**에설랑** |
| ~처럼 | 처음**처럼** | ~보다 | 양**보다** | ~마따나 | 말**마따나** |
| ~한테 | 삼촌**한테** | ~(은)커녕 | 짐승은**커녕** | ~마다 | 사람**마다** |
| ~마저 | 엄마**마저** | ~(이)나마 | 조금이**나마** | ~라야만 | 너**라야만** |

## ● 의존 명사는 앞말과 띄어 쓴다

의존 명사는 다른 명사에 기대어 쓰는 형식적인 낱말로 조사와 비슷하지만 명사의 성격을 갖고 있기 때문에 조사와는 달리 앞말에 붙여 쓰지 않고 띄어 씁니다. 띄어쓰기를 틀리는 대부분의 경우를 보면 어떤 낱말을 접했을 때 이것이 의존명사인지 아닌지 헷갈려하기 때문입니다. 따라서 의존명사를 확실히 알아두는 것이 띄어쓰기를 잘하는 지름길입니다.

| 단위나 수량을 나타내는 의존명사 | | | | | |
|---|---|---|---|---|---|
| 개 | 한 **개**, 두 **개** | 분 | 한 **분**, 어떤 **분** | 자루 | 연필 한 **자루** |
| 줄 | 한 **줄**, 두 **줄** | 마리 | 닭 한 **마리** | 다발 | 꽃 한 **다발** |
| 그루 | 나무 한 **그루** | 켤레 | 신발 한 **켤레** | 방 | 홈런 한 **방** |
| 근 | 돼지고기 한 **근** | 채 | 집 한 **채** | 포기 | 풀 한 **포기** |

## 단위나 수량을 나타내는 의존명사

| 모금 | 물 한 **모금** | 주먹 | 한 **주먹** | 톨 | 밤 한 **톨** |
|---|---|---|---|---|---|
| 가지 | 한 **가지**, 몇 **가지** | 척 | 배 한 **척** | 벌 | 옷 한 **벌** |
| 살 | 아홉 **살**, 열 **살** | 대 | 차 한 **대** | 장 | 종이 한 **장** |

## 꾸며주는 말 뒤에서 쓰이는 의존명사

| 지 | 떠난 **지** | 쪽 | 어느 **쪽** | 차 | 가려던 **차** |
|---|---|---|---|---|---|
| 만큼 | 노력한 **만큼** | 양 | 바보인 **양** | 터 | 내일 갈 **터** |
| 채 | 모르는 **채** | 수 | 이럴 **수**가 | 만 | 좋아할 **만**도 |
| 척 | 아는 **척** | 데 | 사는 **데** | 자 | 맞설 **자**가 |
| 바 | 뜻한 **바** | 이 | 아는 **이** | 것 | 어느 **것** |
| 대로 | 느낀 **대로** | 쪽 | 가까운 **쪽** | 분 | 착한 **분** |
| 탓 | 게으른 **탓** | 듯 | 자는 **듯** | 체 | 잘난 **체** |
| 줄 | 그럴 **줄** | 딴 | 제 **딴**에는 | 나위 | 더할 **나위** |
| 따름 | 웃을 **따름** | 뿐 | 보낼 **뿐** | 둥 | 하는 **둥** |
| 때문 | 너 **때문** | 뻔 | 다칠 **뻔** | 따위 | 너 **따위** |
| 리 | 그럴 **리**가 | 나름 | 하기 **나름** | | |

## 두 말을 이어주거나 열거하는 의존명사

| 등 | 국어, 수학, 영어 **등** | 대 | 청군 **대** 백군 | 내지 | 열 **내지** 스물 |
|---|---|---|---|---|---|
| 겸 | 차장 **겸** 팀장 | 및 | 선생님 **및** 학부모님 | 등지 | 광주, 대구 **등지** |

## 호칭이나 관직과 관련된 의존명사

| 군 | 홍길동 **군** | 박사 | 아인슈타인 **박사** | 씨 | 이몽룡**씨** |
|---|---|---|---|---|---|

## 기타 의존명사

| 편 | 기차 **편** | 통 | 난리 **통** |
|---|---|---|---|

● **접사는 낱말의 앞이나 뒤에 붙여 쓴다**

접사는 홀로 쓰이지 않고 다른 낱말의 앞에 붙어서 새로운 뜻을 가진 낱말을 만드는 역할을 합니다. 낱말의 앞에 붙을 때는 접두사라고 하고, 뒤에 붙을 때는 접미사라고 합니다. 접사 중에는 관형사나 의존명사와 비슷한 글자가 많아 띄어쓰기를 틀리는 경우가 많으므로 잘 기억해 두세요.

| | | | | | |
|---|---|---|---|---|---|
| 맏 | **맏**며느리 | 맨 | **맨**발 | 풋 | **풋**고추 |
| 한 | **한**가운데 | 웃 | **웃**어른 | 늦 | **늦**더위 |
| 날 | **날**고기 | 덧 | **덧**버선 | 햇 | **햇**과일 |
| 민 | **민**소매 | 개 | **개**꿈 | 돌 | **돌**미역 |
| 맞 | **맞**대결 | 설 | **설**익다 | 강 | **강**타자 |
| 홀 | **홀**이불 | 새 | **새**까맣다 | 선 | **선**무당 |
| 헛 | **헛**수고 | 알 | **알**거지 | 맞 | **맞**절 |
| 핫 | **핫**바지 | 처 | **처**먹다 | 짝 | **짝**사랑 |
| 막 | **막**노동 | 엿 | **엿**듣다 | 질 | 걸레**질** |
| 내 | 겨우**내** | 꾼 | 구경**꾼** | 둥이 | 귀염**둥이** |
| 뱅이 | 가난**뱅이** | 광 | 농구**광** | 치 | 중간**치** |

● **둘 이상의 낱말이 결합하여 붙여 쓰는 합성명사**

명사와 명사가 결합하여 새로운 뜻을 가진 하나의 낱말이 되는 경우 두 낱말을 띄어 쓰지 않고 붙여 씁니다.

| | | | | | |
|---|---|---|---|---|---|
| 겉+모양 | 겉모양 | 길+바닥 | 길바닥 | 단풍+잎 | 단풍잎 |
| 그림+일기 | 그림일기 | 가을+밤 | 가을밤 | 말+없이 | 말없이 |
| 기와+집 | 기와집 | 꽃+가루 | 꽃가루 | 돌+잔치 | 돌잔치 |
| 몸+무게 | 몸무게 | 돼지+고기 | 돼지고기 | 말+버릇 | 말버릇 |
| 불+장난 | 불장난 | 고기잡이+배 | 고기잡이배 | 단발+머리 | 단발머리 |
| 막내+딸 | 막내딸 | 아침+밥 | 아침밥 | 웃음+바다 | 웃음바다 |
| 새끼+손가락 | 새끼손가락 | 단골+손님 | 단골손님 | 봄+빛 | 봄빛 |
| 밥+상 | 밥상 | 호박+엿 | 호박엿 | 송이+버섯 | 송이버섯 |
| 비+바람 | 비바람 | 바늘+구멍 | 바늘구멍 | 밥+그릇 | 밥그릇 |
| 묵+사발 | 묵사발 | 조각+구름 | 조각구름 | 물+장수 | 물장수 |

● 둘 이상의 동사가 결합하여 붙여 쓰는 복합동사

동사와 동사가 결합하여 새로운 뜻을 가진 하나의 낱말이 되는 경우 두 낱말을 띄어 쓰지 않고 붙여 씁니다.

| | | | | | |
|---|---|---|---|---|---|
| 가지다＋가다 | 가져가다 | 걷다＋가다 | 걸어가다 | 쫓기다＋나다 | 쫓겨나다 |
| 구르다＋가다 | 굴러가다 | 뛰다＋다니다 | 뛰어다니다 | 올리다＋놓다 | 올려놓다 |
| 찾다＋보다 | 찾아보다 | 고맙다＋하다 | 고마워하다 | 바라다＋보다 | 바라보다 |
| 내리다＋오다 | 내려오다 | 즐겁다＋하다 | 즐거워하다 | 잡다＋먹다 | 잡아먹다 |
| 따르다＋가다 | 따라가다 | 기다＋가다 | 기어가다 | 솟다＋나다 | 솟아나다 |
| 하다＋나다 | 해내다 | 무섭다＋하다 | 무서워하다 | 달리다＋가다 | 달려가다 |
| 벗다＋나다 | 벗어나다 | 잡다＋당기다 | 잡아당기다 | 그립다＋하다 | 그리워하다 |
| 데리다＋가다 | 데려가다 | 내리다＋놓다 | 내려놓다 | 모이다＋들다 | 모여들다 |
| 얻다＋먹다 | 얻어먹다 | 뛰다＋가다 | 뛰어가다 | 깨다＋나다 | 깨어나다 |
| 잡다＋가다 | 잡아가다 | 물리다＋나다 | 물러나다 | 쫓다＋가다 | 쫓아가다 |
| 튀다＋나오다 | 뛰어나오다 | 돌다＋가다 | 돌아가다 | 뛰다＋나가다 | 뛰쳐나가다 |
| 스미다＋들다 | 스며들다 | 거들뜨다＋보다 | 거들떠보다 | | |

# 공습국어 초등어휘

# 정답과 해설

5·6학년　심화 I

주니어김영사

# 01회 | 16~18쪽

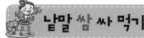

## ★ 그림으로 낱말 찾기 ★

❶ 영웅 ❷ 전개 ❸ 교활하다 ❹ 누명 ❺ 발각되다

## ★ 낱말 뜻 알기 ★

❶ 직접, 비슷 ❷ 지혜, 용맹 ❸ 바탕, 기술 ❹ 사실, 이름
❺ 간사 ❻ 마음

## ★ 낱말 친구 사총사 ★

❷

해설 '두둑하다'는 '넉넉하거나 풍부하다'라는 뜻이며, 따라서 '밑천이 두둑하다'는 '일이나 사업에 있어 수단이 되는 돈이나 기술 등이 풍족하다.'라는 의미로 통합니다.

## ★ 연상되는 낱말 찾기 ★

영웅, 누명, 교활하다

## ★ 짧은 글짓기 ★

- 예 친구가 어제 자기는 나보다 노래를 잘한다며 내 자존심을 상하게 했다.
- 예 동생은 지난주 횡단보도를 건너다가 신호등을 주목하지 않아서 교통사고를 당할 뻔했다.
- 예 환경 보호 동아리는 지난 학기 재활용 캠페인을 꾸준히 전개했다.

## 낱말 쌈 싸 먹기

## ★ 맞춤법 ★

가까워요

해설 양성 모음끼리, 음성 모음끼리 어울리는 모음조화에 따르면 '가까와요'가 맞겠지만 이는 바른 표기가 아닙니다. '가까워요'가 표준 발음입니다.

## ★ 띄어쓰기 ★

㉮

해설 단위를 나타내는 명사 '섬'은 앞말과 띄어 씁니다.

## ★ 관용어 ★

입, 말

해설 그림은 늦잠을 잤는데도 새벽부터 일어나 책을 읽었다고 거짓말을 하는 상황입니다. 이 상황에 어울리는 관용어에는 '입은 비뚤어져도 말은 바로 해라'가 있습니다. 이 말은 언제든지 말을 정직하게 해야 한다는 뜻입니다.

## ★ 한자어 ★

각골난망(刻骨難忘)

해설 • 주마가편(走馬加鞭) : 달리는 말에 채찍질하기라는 뜻으로 형편이나 힘이 한창 좋을 때에 더욱 힘을 더한다는 말. 힘껏 하는 사람에게도 자꾸 더 하라고 격려함.
• 군계일학(群鷄一鶴) : 닭의 무리 가운데 있는 한 마리의 학이라는 뜻으로, 여러 평범한 사람들 가운데 있는 뛰어난 한 사람을 이르는 말.
• 각골난망(刻骨難忘) : 입은 은혜(恩惠)에 대한 고마운 마음이 뼈에까지 사무쳐 잊히지 아니함.

# 02회 | 20~22쪽

## ★ 그림으로 낱말 찾기 ★

❶ 방파제 ❷ 해안선 ❸ 휴양림 ❹ 한옥 ❺ 김장하다

## ★ 낱말 뜻 알기 ★

❶ 모양, 형세 ❷ 기복, 지표면 ❸ 곡식, 수확 ❹ 우박, 안개
❺ 아궁이, 열기

## ★ 낱말 친구 사총사 ★

❹

해설 '기왓장', '온돌', '대청마루'는 우리나라의 전통 가옥인 '한옥'을 짓는 데 필요한 자재나 구성 요소입니다. 따라서 다른 셋을 포함하는 큰 말에 해당되는 것은 ❹ 한옥입니다.

## ★ 연상되는 낱말 찾기 ★

해안선, 방파제, 김장하다

## ★ 짧은 글짓기 ★

- 예 농부들이 평야에서 추수를 위해 부지런히 낫질을 한다.
- 예 도시인들이 휴양림에서 맑은 공기를 마시고 싶어 온종일 산책을 한다.
- 예 어부들이 방파제에서 배를 정박하기 위해 열심히 밧줄을 동여맨다.

## 낱말 쌈 싸 먹기

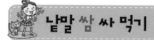

## ★ 맞춤법 ★

고동 → 고둥

해설 표준어는 '고둥'이며, '고동'은 방언으로 틀린 표현입니다. 고둥은 소라와 같은 껍데기를 가진 연체동물을 통틀어 이르는 말입니다.

## ★ 띄어쓰기 ★

㉯

해설 '이맘때'는 '이만큼 된 때'란 뜻으로 쓰이는 한 낱말이므로 붙여 씁니다.

**★ 관용어 ★**

꼴뚜기

**해설** 그림은 왕실의 종친들이 흥선군이 체통을 지키지 않고 채신머리없이 행동하는 것을 못마땅해하는 상황입니다. 이 상황에 어울리는 관용어에는 '어물전 망신은 꼴뚜기가 시킨다'가 있습니다. 이 말은 못난이가 동료들까지 망신시키는 상황을 비유하는 뜻입니다.

**★ 한자어 ★**

苦痛(고통), 明朗(명랑)

# 03회 | 24~26쪽

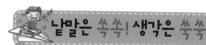

**★ 그림으로 낱말 찾기 ★**

❶ 용해하다 ❷ 비커 ❸ 용액 ❹ 렌즈 ❺ 플라스크

**★ 낱말 뜻 알기 ★**

❶ 경우, 형편 ❷ 동그스름, 들어 ❸ 도드라지, 내밀
❹ 물질, 액체 ❺ 소금물, 액체

**★ 낱말 친구 사총사 ★**

❶

**해설** ❷, ❸, ❹의 '수성'은 태양계를 이루고 있는 첫 번째 행성인 '水星'입니다. 하지만 ❶의 '수성'은 물에 녹는 성질을 뜻하는 '水性'입니다.

**★ 연상되는 낱말 찾기 ★**

렌즈, 은박지, 비커

**★ 짧은 글짓기 ★**

• **예** 안경사가 내일쯤 시력에 맞는 렌즈를 준비해 놓을까?
• **예** 택배 기사는 모레 은박지로 포장된 예쁜 선물을 배달해 줄까?
• **예** 내가 어렸을 때 품었던 꿈을 실제로 펼칠 수 있을까?

**★ 맞춤법 ★**

가랑이

**해설** 표준어 규정에서는 'ㅣ'모음 앞에 나와 모음이 동화된 형태인 '가랭이'와 같은 단어를 표준어로 인정하지 않습니다. 비슷한 경우로 '아지랑이'가 아니라 '아지랭이'를 '애기'가 아니라 '아기'를 표준어로 인정합니다.

**★ 띄어쓰기 ★**

㉯

**해설** '일까'는 '이다'의 활용형입니다. '이다'는 서술의 기능을 하는 조사로서 앞말과 붙여 씁니다.

**★ 관용어 ★**

엎, 덮

**해설** 그림은 시험도 망친 데다가 돌부리에 걸려 넘어져서 다친 매우 운이 없는 상황입니다. 이 상황에 어울리는 관용어에는 '엎친 데 덮치다'가 있습니다. 이 말은 어렵거나 나쁜 일이 겹쳐 일어날 때 사용됩니다.

**★ 한자어 ★**

건곤일척(乾坤一擲)

**해설** • 장삼이사(張三李四) : 장씨(張氏)의 셋째 아들과 이씨(李氏)의 넷째 아들이라는 뜻으로, 이름이나 신분이 특별하지 않은 평범한 사람들을 이르는 말.
• 건곤일척(乾坤一擲) : 주사위를 던져 승패를 건다는 뜻으로, 운명을 걸고 단판걸이로 승부를 겨룸을 이르는 말.
• 사필귀정(事必歸正) : 처음에는 그릇돼 보이더라도 모든 일은 반드시 바른 길로 돌아간다는 뜻.

# 04회 | 28~30쪽

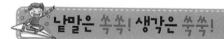

**★ 그림으로 낱말 찾기 ★**

❶ 배수 ❷ 분수 ❸ 분자 ❹ 약수 ❺ 타일 ❻ 분모

**★ 낱말 뜻 알기 ★**

❶ 갑절 ❷ 나머지 ❸ 정수, 배수 ❹ 분수, 공약수
❺ 분모, 같게

**★ 낱말 친구 사총사 ★**

❷

**해설** ❶, ❸, ❹의 '분수'는 수학에서 사용되는 말로, 첫 번째 정수인 분자를 두 번째 정수인 분모로 나눈 몫입니다. 하지만 ❷의 '분수'는 자기 신분의 한도를 뜻합니다.

**★ 연상되는 낱말 찾기 ★**

약분, 통분, 분수

**★ 짧은 글짓기 ★**

• **예** 엄마는 욕실 바닥 타일이 더럽다고 청소를 하였다.
• **예** 나는 이해가 되지 않아서 선생님께 분모의 뜻을 다시 여쭈워 보았다.
• **예** 짝꿍도 이해가 안 된다며 선생님께 분자의 뜻을 여쭈워 보았다.

## 낱말 쌈 싸 먹기

### ★ 맞춤법 ★

간지려 → 간질여

해설 기본형은 '간질이다' 입니다. 어간 '간질이-'에 연결 어미 '어'가 붙어 '간질여'가 되는 것입니다.

### ★ 띄어쓰기 ★

㉮

해설 '자는'이 의존명사 '것'을 꾸미므로 띄어 씁니다.

### ★ 관용어 ★

고생

해설 그림은 어렵게 돈을 모아서 부자가 된 상황을 묘사하고 있습니다. 이 상황에 어울리는 관용어에는 '고생 끝에 낙이 있다' 입니다. 이 말은 어려운 일을 겪고 나면 즐거운 일이 돌아온다는 뜻입니다.

### ★ 한자어 ★

經濟(경제), 貨幣(화폐)

# 05회 | 32~34쪽

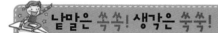

### ★ 그림으로 낱말 찾기 ★

❶ 결심하다 ❷ 절제하다 ❸ 정직하다 ❹ 구두쇠 ❺ 시선

### ★ 낱말 뜻 알기 ★

❶ 조절, 제한 ❷ 영리, 재주 ❸ 은혜, 공로 ❹ 절정, 시기
❺ 재물, 인색

### ★ 낱말 친구 사총사 ★

❹

해설 '따가운 시선'은 잘못을 저지른 사람에게 보내는 질책, 눈총을 의미합니다. 따라서 그런 사람에게 보내는 시선은 몹시 미워서 눈살을 찌푸리는 모양이 됩니다.

### ★ 연상되는 낱말 찾기 ★

정직하다, 위로, 칭찬

### ★ 짧은 글짓기 ★

• 예 나는 앞으로 학교 시험을 보다 정직하게 치를 것이다.
• 예 열심히 노력하는 사람은 가까운 미래에 인생의 황금기를 맞을 것이다.
• 예 오빠는 앞으로 구두쇠처럼 굴지 않고 내게 많은 선물을 해 줄 것이다.

## 낱말 쌈 싸 먹기

### ★ 맞춤법 ★

되어야

해설 '되다'와 '돼다' 두 가지 형태의 말이 있는 것이 아니고, '되다'에 '-어, -어라, -었-' 등이 결합하여 '되어, 되어라, 되었-'과 같이 활용하는 것입니다. 이 경우에 '되어'가 줄어 '돼, 돼라, 됐'의 '돼-' 형태가 됩니다. '되'인지 '돼'인지 구분하기 어려울 때에는 그 말을 '되어'로 대치할 수 있는가 살펴보면 됩니다. 만약 '되어'로 대치될 수 있으면 '돼'로 써야 합니다.

### ★ 띄어쓰기 ★

㉮

해설 '만큼'이 조사로 쓰일 경우 앞말에 붙여 씁니다.

### ★ 관용어 ★

형, 아우

해설 그림은 형이 동생보다 여러모로 낫다는 생각을 하는 어른과 이에 대해 동생도 잘할 수 있다는 것을 보여 주고 싶은 아이를 묘사하고 있습니다. 이 상황에 어울리는 관용어에는 '형만 한 아우 없다' 입니다. 이 말은 형이 동생보다는 집안을 이끌 책임이나 부모님을 모시는 문제 등에서 책임감이 강하다는 옛사람들의 생각을 담고 있는 속담입니다.

### ★ 한자어 ★

결초보은(結草報恩)

해설 • 결초보은(結草報恩) : 죽은 뒤에라도 은혜를 잊지 않고 갚음을 이르는 말. 중국 춘추 시대에, 진나라의 위과가 아버지가 세상을 떠난 후에 아버지의 후처 서모를 재혼시켜 남편을 따라 죽는 순사를 면케 하였더니, 그 뒤 싸움터에서 서모 아버지의 혼이 적군의 앞길에 풀을 묶어 적을 넘어뜨려 위과가 공을 세울 수 있도록 하였다는 고사에서 유래한다.
• 십시일반(十匙一飯) : 열 사람이 한 술씩 보태면 한 사람 먹을 분량이 된다는 뜻으로, 여러 사람이 힘을 합하면 한 사람을 돕기는 쉽다는 말.
• 초근목피(草根木皮) : 풀뿌리와 나무 껍질이란 뜻으로, 곡식이 없어 산나물 따위로 만든 험한 음식을 이르는 말.

# 06회 | 36~38쪽

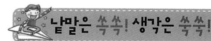

### ★ 그림으로 낱말 찾기 ★

❶ 덧소매 ❷ 마스크 ❸ 재킷 ❹ 터널 ❺ 벨트 ❻ 배관하다

### ★ 낱말 뜻 알기 ★

❶ 어린아이, 기름 ❷ 병균, 먼지 ❸ 기체, 배치
❹ 투명, 감광제 ❺ 철도, 통로

### ★ 낱말 친구 사총사 ★

❸

해설 ①, ②, ④의 마스크는 '입이나 코를 가리기 위해 사용하는 물건' 이라는 뜻으로 사용되었지만 ③의 마스크는 '얼굴 생김새' 라는 뜻으로 사용되었습니다.

### ★ 연상되는 낱말 찾기 ★
잔손, 육아, 재킷

### ★ 짧은 글짓기 ★
- 예 엄마는 집에서 아이들을 보살피는 육아를 했다.
- 예 의사가 병원에서 기침이 심한 환자들에게 마스크를 쓰도록 권했다.
- 예 기술자들이 아파트 공사장에서 수도관을 배관하느라 힘을 썼다.

## 낱말 쌈 싸 먹기

### ★ 맞춤법 ★
대노 → 대로

해설 '대노' 는 '대로(大怒)' 를 잘못 쓴 것으로, 'ㄹ' 로 시작하는 한자음이 낱말의 첫머리에 올 때는 'ㄴ' 으로 적지만 그 외에는 본래 음대로 'ㄹ' 로 적습니다. 따라서 '대노' 가 아닌 '대로' 라고 적어야 합니다.

### ★ 띄어쓰기 ★
㉮

해설 '기원전' 은 한 낱말로 붙여 씁니다.

### ★ 관용어 ★
메뚜기

해설 그림은 한때 잘나가던 가수들이 인기가 떨어져 별 볼일 없게 된 상황을 묘사하고 있습니다. 이 상황에 어울리는 관용어에는 '메뚜기도 유월이 한철이다' 가 있습니다. '한철' 이란 '한창 성한 때' 라는 뜻입니다. 이 속담은 모든 사물은 저마다 한창때가 있을 터이요, 한창 좋은 시절도 그때가 지나고 나면 그뿐이며, 제때를 만난 듯이 한창 날뛰는 것을 비꼬는 말이기도 합니다. 또한, 누구나 한창 활동할 수 있는 시기는 얼마 되지 않으니 그때를 놓치지 말라는 등 복합적인 뜻으로 사용됩니다.

### ★ 한자어 ★
長短(장단), 高低(고저)

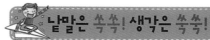
# 07회 | 40~42쪽

## 낱말은 쏙쏙! 생각은 쑥쑥!

### ★ 그림으로 낱말 찾기 ★
① 주차하다 ② 고유어 ③ 산책로 ④ 길라잡이 ⑤ 그루터기

### ★ 낱말 뜻 알기 ★
① 화약, 소리 ② 돼지고기, 가게 ③ 심리, 판결 ④ 인도
⑤ 푸른, 그늘

### ★ 낱말 친구 사총사 ★
④

해설 '꽃밭', '나무', '놀이기구' 는 '공원' 을 이루는 요소입니다. 따라서 다른 셋을 포함하는 큰 말은 ④ '공원' 입니다.

### ★ 연상되는 낱말 찾기 ★
공통점, 주차하다, 그루터기

### ★ 짧은 글짓기 ★
- 예 친구야, 내 생일날 폭죽놀이 같이 할래?
- 예 얘들아, 이제부터 외래어가 아닌 고유어를 자주 사용해 볼래?
- 예 정수야, 고궁에서 야외 수업할 때 우리의 길라잡이를 맡아 줄래?

## 낱말 쌈 싸 먹기

### ★ 맞춤법 ★
개수

해설 두 한자어로 이루어진 말이기 때문에 사이시옷이 들어가지 않습니다. 2음절로 이루어진 한자어 가운데 사이시옷이 들어가는 경우는 '횟수, 찻간, 곳간, 셋방, 툇간, 숫자' 등 여섯 개뿐입니다.

### ★ 띄어쓰기 ★
㉮

해설 '맨발' 의 '맨' 은 접두사로 뒤의 명사와 붙여 씁니다.

### ★ 관용어 ★
원님(사또)

해설 그림은 형 생일 덕분에 좋아하는 떡을 배불리 먹게 된 상황을 묘사하고 있습니다. 이 상황에 어울리는 관용어에는 '원님(사또) 덕분에 나발 분다' 가 있습니다. 이 말은 윗사람 덕분에 대접을 받거나 득을 볼 때 사용합니다.

### ★ 한자어 ★
관포지교(管鮑之交)

해설 • 가가호호(家家戶戶) : 한 집 한 집마다.

★ 한자어 ★

高熱(고열), 病院(병원)

# 08회 | 44~46쪽

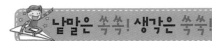

★ 그림으로 낱말 찾기 ★
❶ 분지 ❷ 산성비 ❸ 열대야 ❹ 예보하다 ❺ 태풍

★ 낱말 뜻 알기 ★
❶ 지역, 사람 ❷ 세균, 분해 ❸ 광산, 광물 ❹ 비료, 농약
❺ 지역, 대표

★ 낱말 친구 사총사 ★
❷

해설 ❶, ❸, ❹의 '발효' 는 효모나 세균 등의 미생물이 탄수화물을 분해하여 에너지를 얻는 작용을 말합니다. 하지만 ❷의 '발효' 는 조약, 법, 규칙, 공문서 등의 효력이 시작된다는 의미입니다.

★ 연상되는 낱말 찾기 ★
예보하다, 태풍, 열대야

★ 짧은 글짓기 ★
・예 나는 울릉도 나리 분지에서 기념사진을 찍을 것이다.
・예 농부는 시골에서 유기농 작물을 계속 재배할 것이다.
・예 누구나 야외에서 산성비를 조심해야 할 것이다.

★ 맞춤법 ★
불리우길 → 불리길

해설 '불리다' 는 '부르다' 의 피동사이므로 여기에 피동 접미사 '-우-' 를 넣을 필요가 없습니다.

★ 띄어쓰기 ★
㉯

해설 '야말로' 는 조사로 대명사 '너' 와 붙여 씁니다.

★ 관용어 ★
외나무다리

해설 그림은 원수끼리 맞닥뜨린 상황을 묘사한 것입니다. 이 상황에 어울리는 관용어에는 '원수는 외나무다리에서 만난다' 가 있습니다. 이 말은 꺼리고 싫은 상대를 정면으로 만나는 경우에 자주 쓰입니다.

# 09회 | 48~50쪽

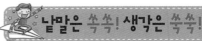

★ 그림으로 낱말 찾기 ★
❶ 기온 ❷ 수면 ❸ 시각 ❹ 일교차 ❺ 지면

★ 낱말 뜻 알기 ★
❶ 온도 ❷ 시간, 시점 ❸ 최고, 최저 ❹ 미리, 보도
❺ 거리, 빠르기 ❻ 속도, 크기

★ 낱말 친구 사총사 ★
❸

해설 ❶, ❷, ❹의 '태풍', '강수량', '기온' 은 기상청에서 날씨나 일기를 알려줄 때 등장하는 기상 용어들입니다. 따라서 다른 셋을 포함하는 큰 말은 ❸ '일기예보' 입니다.

★ 연상되는 낱말 찾기 ★
지면, 수면, 경주

★ 짧은 글짓기 ★
・예 오늘은 기온이 크게 떨어지니까 옷을 따뜻하게 챙겨 입어야 한다.
・예 아침에 지각하지 않으려면 정해진 시각에 꼭 눈을 떠야 한다.
・예 지금 뒤따라오는 차들이 많으니 우리 차의 속력을 좀 더 높여야 한다.

★ 맞춤법 ★
게시판

해설 '계시판' 은 '게시판(揭示板)' 을 잘못 쓴 말입니다.

★ 띄어쓰기 ★
㉮

해설 '겸' 은 둘 이상의 명사 사이에 사용되는 의존명사로 앞 낱말과 띄어 씁니다.

★ 관용어 ★
정승

해설 그림은 할아버지가 고생해서 모은 돈을 고아원에 기부한 상황을 묘사한 것입니다. 이 상황에 어울리는 관용어에는 '개같이 벌어서 정승같이 산다'가 있습니다. 이 말은 비록 돈을 벌 때는 천하고 어려운 일을 해도 쓸 때는 떳떳하고 보람되게 써야 한다는 뜻입니다.

★ 한자어 ★

괄목상대(刮目相對)

해설 • 조삼모사(朝三暮四) : 아침에 세 개, 저녁에 네 개라는 뜻으로, 당장 눈앞에 나타나는 차별만을 알고 그 결과가 같음을 모름을 비유한 말. 간사한 꾀를 써서 남을 속임을 이르는 말.
• 괄목상대(刮目相對) : 눈을 비비고 다시 보며 상대를 대한다는 뜻으로, 다른 사람의 학식이나 업적이 크게 진보한 것을 말함.
• 호연지기(浩然之氣) : 하늘과 땅 사이에 가득 찬 넓고 큰 정기.

# 10회 | 52~54쪽

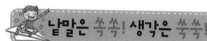

★ 그림으로 낱말 찾기 ★
❶ 파출소 ❷ 효자 ❸ 신분증 ❹ 효녀 ❺ 근심스레
❻ 두리번대다

★ 낱말 뜻 알기 ★
❶ 소속, 증명 ❷ 불가사의 ❸ 마음, 깊이 ❹ 마음, 속
❺ 비웃음, 거리

★ 낱말 친구 사총사 ★
❹

해설 '마법'은 마력(魔力)으로 불가사의한 일을 행하는 술법이며, 이러한 마법에 걸린다는 것은 본인의 정신, 의지와 무관하게 하는 일이 너무나 쉽게 풀린다는 의미입니다.

★ 연상되는 낱말 찾기 ★
파출소, 근심스레, 양로원

★ 짧은 글짓기 ★
• 예 아빠가 오늘 아침 집에다 신분증을 두고 출근하였다.
• 예 친구들은 하루 종일 교실에서 문턱에 걸려 넘어진 나를 흉보았다.
• 예 엄마는 어제 집에서 심부름을 도와준 나를 효자라고 칭찬하였다.

★ 맞춤법 ★
가던지 → 가든지

해설 '-든'은 선택을, '-던'은 과거를 나타냅니다. 이 경우는 과거를 드러내지 않으므로 '가던지'는 틀린 표현입니다.

★ 띄어쓰기 ★
㉮

해설 '속', '안', '때', '앞', '전', '후' 등의 명사는 다른 명사와 띄어 씁니다.

★ 관용어 ★
개똥밭, 이승

해설 그림은 죽는 것보다는 고생스럽더라도 사는 게 좋다는 말을 하는 상황입니다. 이 상황에 어울리는 관용어에는 '개똥밭에 굴러도 이승이 좋다'가 있습니다. 이 말은 고생스럽게 살더라도 죽는 것보다는 사는 것이 낫다는 뜻입니다.

★ 한자어 ★
結婚(결혼), 祝歌(축가)

# 11회 | 56~58쪽

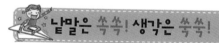

★ 그림으로 낱말 찾기 ★
❶ 재배하다 ❷ 알로에 ❸ 화초 ❹ 스테인리스 ❺ 모종

★ 낱말 뜻 알기 ★
❶ 겉면, 수지 ❷ 수지, 유래 ❸ 달걀, 양분 ❹ 식물, 가꿈
❺ 불순물, 치료

★ 낱말 친구 사총사 ★
❷

해설 ❶, ❸, ❹의 '모종'은 '옮겨 심으려고 가꾼 어린 식물'을 의미하고, ❷의 '모종'은 '어떠한 종류'란 뜻입니다.

★ 연상되는 낱말 찾기 ★
스테인리스, 재배하다, 탈지면

★ 짧은 글짓기 ★
• 예 나는 내일 직접 만든 종이 카드가 구겨지지 않도록 코팅을 해야겠다.
• 예 나도 다음에는 화초를 기르기 위해 모종을 사야겠다.
• 예 나는 겨울 방학 때 일손이 바쁜 삼촌을 도와 온상 짓는 것을 도와야겠다.

**낱말 쌈 싸 먹기**

**★ 맞춤법 ★**

누각

[해설] 낱말 첫소리에 'ㄹ'과 일부 'ㄴ'이 오는 한자음은 두음 법칙을 따르므로 '누각'으로 적어야 합니다.

**★ 띄어쓰기 ★**

㉮

[해설] '순'은 '다른 것이 섞이지 않아 순수하고 온전한'이란 뜻을 가진 관형사입니다.

**★ 관용어 ★**

수박

[해설] 그림은 책을 대충 보고 밖으로 놀러 가는 상황을 묘사한 것입니다. 이 상황에 어울리는 관용어에는 '수박 겉핥기'가 있습니다. '수박 겉핥기'는 수박 속의 맛도 모른 채 딱딱한 겉만 핥고 있다는 뜻으로, 사물의 속 내용은 모르고 겉만 건드리는 일을 비유적으로 이르는 말입니다.

**★ 한자어 ★**

권선징악(勸善懲惡)

[해설] • 파죽지세(破竹之勢) : 대적을 거침없이 물리치고 쳐들어가는 기세.
• 권선징악(勸善懲惡) : 착한 행실을 권장하고 악한 행실을 징계함.
• 의기양양(意氣揚揚) : 뜻한 바를 이루어 만족스러운 마음이 얼굴에 나타난 모양.

# 12회 | 60~62쪽

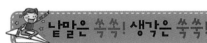 **낱말은 쏙쏙! 생각은 쑥쑥!**

**★ 그림으로 낱말 찾기 ★**
❶ 유혹하다 ❷ 야생마 ❸ 파수꾼 ❹ 광채 ❺ 옹알이

**★ 낱말 뜻 알기 ★**
❶ 아름, 찬란 ❷ 생각, 버림 ❸ 경계, 사람 ❹ 가슴, 불만
❺ 어린아이, 입속말 ❻ 세상, 알림

**★ 낱말 친구 사총사 ★**
❶

[해설] ❷, ❸, ❹의 '응어리'는 가슴속에 쌓여 있는 한이나 불만 따위의 감정을 뜻하고, ❶의 '응어리'는 근육이 뭉쳐서 된 덩어리를 뜻합니다.

**★ 연상되는 낱말 찾기 ★**
파수꾼, 옹알이, 광고

---

**★ 짧은 글짓기 ★**
• [예] 불량 식품을 파는 사람들이 길거리에서 용돈을 쓰게끔 계속 우리를 유혹한다.
• [예] 나는 공부방에서 딴생각을 단념하기 위해 커튼을 친다.
• [예] 지각한 학생이 교실에서 선생님께 혼나지 않으려고 몸이 아픈 시늉을 한다.

 **낱말 쌈 싸 먹기**

**★ 맞춤법 ★**

소금장이 → 소금쟁이

[해설] 특별한 기술이 필요한 직업인에게는 '-장이'를 쓰고, 그 외에는 '-쟁이'를 씁니다.

**★ 띄어쓰기 ★**

㉯

[해설] '등지'와 같이 두 말을 이어 주거나, 열거할 적에 쓰이는 말들은 띄어 씁니다.

**★ 관용어 ★**

굼벵이, 재주

[해설] 그림은 바보 취급을 받는 온달이 활은 기가 막히는 잘 쏘는 상황을 묘사한 것입니다. 이 상황에 어울리는 관용어에는 '굼벵이도 구르는 재주가 있다'가 있습니다. 이 말은 무능한 사람도 한 가지 재주는 있음을 비유적으로 이를 때 사용합니다.

**★ 한자어 ★**

攻擊(공격), 抗拒(항거)

# 13회 | 64~66쪽

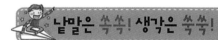 **낱말은 쏙쏙! 생각은 쑥쑥!**

**★ 그림으로 낱말 찾기 ★**
❶ 직거래 ❷ 특산물 ❸ 촌락 ❹ 수도권 ❺ 도시

**★ 낱말 뜻 알기 ★**
❶ 사람, 물건 ❷ 분업, 기계 ❸ 대표, 생산물 ❹ 건강, 산책
❺ 토지, 자원

**★ 낱말 친구 사총사 ★**
❷

[해설] ❶, ❸, ❹의 '수도'는 수돗물을 받아 쓸 수 있게 만든 시설인 '水道'입니다. 하지만 ❷의 '수도'는 한 나라의 중앙 정부가 있는 도시인 '首都'입니다.

촌락, 수도권, 관광

★ 짧은 글짓기 ★

• 예 최근 도시에서는 건강을 위해 친환경 운동을 시작하였다.
• 예 1960년대 농촌에서는 산업화를 위해 새마을 운동을 활발하게 추진하였다.
• 예 주말마다 광장에서 농촌 살리기 운동으로 농산물 직거래 장터를 열었다.

### 낱말 쌈 싸 먹기

★ 맞춤법 ★

곱슬머리

해설 머리털이 날 때부터 곱슬곱슬 꼬부라진 머리나 그런 머리를 가진 사람을 이르는 표준어는 '곱슬머리' 또는 '고수머리' 입니다.

★ 띄어쓰기 ★

㉮

해설 '뻔'은 의존 명사로 앞에서 꾸며 주는 말과 띄어 씁니다.

★ 관용어 ★

돌, 정

해설 그림은 다른 사람을 도와주러 앞에 나섰다가 잘못될 수도 있는 상황을 묘사한 것입니다. 이 상황에 어울리는 관용어에는 '모난 돌이 정 맞는다' 가 있습니다. 이 말은 두각을 나타내는 사람이 남에게 미움을 받게 되거나 강직한 사람은 남의 공박을 받는다는 뜻과 말과 행동에 모가 나면 미움을 받는다는 뜻을 갖고 있습니다.

★ 한자어 ★

권토중래(捲土重來)

해설 • 감언이설(甘言利說) : 귀가 솔깃하도록 남의 비위를 맞추거나 이로운 조건을 내세워 꾀는 말.
• 사통팔달(四通八達) : 도로나 교통망, 통신망 따위가 이리저리 사방으로 통함.
• 권토중래(捲土重來) : 땅을 말아 일으킬 것 같은 기세로 다시 온다는 뜻으로, 한 번 실패했으나 힘을 회복하여 다시 쳐들어옴을 이르는 말.

---

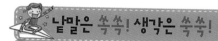

## 14회 | 68~70쪽

★ 그림으로 낱말 찾기 ★

❶ 시약 ❷ 쭉정이 ❸ 볍씨 ❹ 결정 ❺ 현미경 ❻ 알코올

★ 낱말 뜻 알기 ★

❶ 용액, 농도 ❷ 법칙, 배열, 대칭
❸ 엽록체, 광합성, 탄수화물 ❹ 성질, 현상, 물리학

★ 낱말 친구 사총사 ★

❸

해설 ❶, ❷, ❹의 '결정'은 행동이나 태도를 분명하게 정한다는 '決定' 입니다. 하지만 ❸의 '결정'은 육각형 모양을 띄는 물의 분자 구조 '結晶' 입니다.

★ 연상되는 낱말 찾기 ★

볍씨, 녹말, 현미경

★ 짧은 글짓기 ★

• 예 주방장은 요리를 할 때 음식이 짜지 않도록 소금 진하기를 조절해야만 한다.
• 예 연구원은 시약을 다룰 때 안전을 위해 신경을 집중해야만 한다.
• 예 누구나 항상 알코올 중독 예방을 위해 음주 습관을 관리해야만 한다.

### 낱말 쌈 싸 먹기

★ 맞춤법 ★

개벌 → 갯벌

해설 바닷물이 드나드는 모래톱을 뜻하는 표준어는 '갯벌' 입니다.

★ 띄어쓰기 ★

㉮

해설 성과 이름, 성과 호 등은 붙여 쓰고, 이에 덧붙는 호칭어, 관직명 등은 띄어 씁니다. 또한 우리말 성에 붙어 성씨 자체를 의미하는 '가, 씨'는 '김씨', '박가' 등과 같이 앞말에 붙여 씁니다.

★ 관용어 ★

쇠뿔

해설 그림은 말이 나온 김에 바로 음식을 먹으러 식당에 가는 상황을 묘사한 것입니다. 이 상황에 어울리는 관용어에는 '쇠뿔도 단 김에 빼라' 가 있습니다. 이 말은 든든히 박힌 소의 뿔을 뽑으려면 불로 달구어 놓은 김에 해치워야 한다는 뜻입니다. 어떤 일이든지 하려고 생각했으면 한창 열이 올랐을 때 망설이지 말고 행동으로 옮겨야 함을 비유적으로 이르는 말입니다.

★ 한자어 ★

權利(권리), 義務(의무)

# 15회 | 72~74쪽

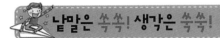

★ 그림으로 낱말 찾기 ★

❶ 전개도 ❷ 꼭짓점 ❸ 모눈종이 ❹ 겨냥도 ❺ 직육면체

★ 낱말 뜻 알기 ★

❶ 직사각형, 평행 ❷ 입체, 실선, 점선 ❸ 입체, 평면
❹ 같은, 두 ❺ 평면, 면적

★ 낱말 친구 사총사 ★

❹

해설 '꼭짓점', '모서리', '평면'은 직육면체와 같은 입체 도형을 구성하는 요소입니다. 따라서 다른 셋을 포함하는 큰 말에 해당되는 것은 '직육면체'입니다.

★ 연상되는 낱말 찾기 ★

직육면체, 전개도, 둘레

★ 짧은 글짓기 ★

• 예 나는 도형의 넓이를 구하기 위해 가로, 세로의 길이를 제곱하였다.

• 예 목동은 양들이 도망가지 못하도록 울타리 둘레를 단단한 나무로 막았다.

• 예 우리 가족은 피겨 선수의 연기를 직접 보기 위해 커다란 넓이의 스케이트장을 찾아갔다.

## 낱말 쌈 싸 먹기

★ 맞춤법 ★

곳간

해설 일반적으로 2음절로 된 한자어에는 사이시옷을 넣지 않습니다. 단, 2음절의 한자어 중 '곳간', '셋방', '숫자', '찻간', '툇간', '횟수' 여섯 개의 단어에만 사이시옷을 넣습니다.

★ 띄어쓰기 ★

㉴

해설 '지나다니다'는 한 낱말로 붙여 씁니다.

★ 관용어 ★

떡, 제사

해설 그림은 도서관에서 숙제하러 간 김에 책도 좀 보고 온 상황을 묘사한 것입니다. 이 상황에 어울리는 관용어에는 '떡 본 김에 제사 지낸다'가 있습니다. 이 말은 우연히 운 좋은 기회에, 하려던 일을 해치운다는 뜻을 담고 있습니다.

★ 한자어 ★

내우외환(內憂外患)

해설 • 내우외환(內憂外患) : 나라 안팎의 여러 가지 어려움.
• 외유내강(外柔內剛) : 겉으로는 부드럽고 순하게 보이나 속은 곧고 굳셈.
• 표리부동(表裏不同) : 마음이 음흉하고 불량하여 겉과 속이 다름.

# 16회 | 76~78쪽

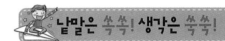

★ 그림으로 낱말 찾기 ★

❶ 공경하다 ❷ 장애인 ❸ 다락방 ❹ 초조하다 ❺ 화목

★ 낱말 뜻 알기 ★

❶ 늙고, 버려 ❷ 용무, 임시 ❸ 마음, 조마조마
❹ 장마, 홍수 ❺ 행정

★ 낱말 친구 사총사 ★

❷

해설 '마당', '부엌', '다락방'은 집을 이루는 구성 요소입니다. 따라서 다른 셋을 포함하는 큰 말에 해당되는 것은 '집'입니다.

★ 연상되는 낱말 찾기 ★

공경하다, 화목, 수해

★ 짧은 글짓기 ★

• 예 나는 이제부터 비만 때문에 식사량 줄이는 것을 각오해야 한다.

• 예 우리는 앞으로 좋은 공동체를 만들기 위해서 장애인을 차별하지 말아야 한다.

• 예 우리 가족은 오늘밤 반상회 음식을 장만하기 위해 분주히 손을 놀려야 한다.

## 낱말 쌈 싸 먹기

★ 맞춤법 ★

귀절 → 구절

해설 한자 '구(句)'가 붙어서 이루어진 단어는 '귀'로 읽는 것을 인정하지 않습니다. 따라서 '귀절'이 아니라 '구절'이 표준어입니다. '시귀'도 '시구(詩句)', '절귀'도 '절구(絶句)'가 표준어입니다. 단, '글귀(-句)'와 '귀글(句-)'은 예외로 인정하고 있습니다.

★ 띄어쓰기 ★

ⓒ

해설 '오갈 곳'을 뜻하는 말이므로, '오갈 데'로 써야 맞습니다.

★ 관용어 ★

아랫돌, 윗돌

해설 그림은 마무리 투수가 부족해 선발 투수 중 하나를 마무리 투수로 돌리려다 보니 선발 투수진에 문제가 생기는 상황을 묘사한 것입니다. 이 상황에 어울리는 관용어에는 '아랫돌 빼서 윗돌 괴기'가 있습니다. 이 말은 일이 몹시 급하여 임시변통으로 이리 저리 둘러맞추어 일함을 비유적으로 표현할 때 사용합니다.

★ 한자어 ★

近處(근처), 訪問(방문)

# 17회 | 80~82쪽

★ 그림으로 낱말 찾기 ★

❶ 컴퓨터 ❷ 프린터 ❸ 소프트웨어 ❹ 본체 ❺ 모니터

★ 낱말 뜻 알기 ★

❶ 계산, 처리 ❷ 화면, 표시 ❸ 정보, 인쇄 ❹ 배열, 입력
❺ 원고, 활자

★ 낱말 친구 사총사 ★

❹

해설 '컴퓨터', '프린터', '모니터'는 컴퓨터 작업과 관련된 장치들이지만, '라디오'는 방송국에서 보내는 음성 전파를 수신하는 기기입니다.

★ 연상되는 낱말 찾기 ★

하드웨어, 소프트웨어, 신문

★ 짧은 글짓기 ★

• 예 컴퓨터에 문제가 발생하지 않도록 바이러스 치료 프로그램을 설치하였다.
• 예 동생의 안전을 위해서 위험한 차도로 내려서는 것을 제어했다.
• 예 책상이 비좁아지지 않도록 컴퓨터 본체를 책상 아래로 내려놓았다.

★ 맞춤법 ★

귀띔

해설 상대방에게 눈치로 슬그머니 일깨워 준다는 뜻으로, '귀띔'이 맞습니다. '귀뜸', '귀띰'은 모두 잘못된 것입니다.

★ 띄어쓰기 ★

㉮

해설 '조차'는 이미 어떤 것이 포함되고 그 위에 더함의 뜻을 나타내는 보조사로서 앞말인 체언에 붙여 씁니다.

★ 관용어 ★

찬물

해설 그림은 가장 나이가 많은 아버지가 먼저 수박을 드셔야 한다고 말하는 상황입니다. 이 상황에 어울리는 관용어에는 '찬물도 위아래가 있다'가 있습니다. 이 말은 무엇이든 순서가 있으니, 그 차례를 따라 하여야 한다는 뜻을 담고 있습니다.

★ 한자어 ★

논공행상(論功行賞)

해설 • 논공행상(論功行賞) : 공적의 크고 작음 따위를 논의하여 그에 알맞은 상을 줌.
• 고진감래(苦盡甘來) : 쓴 것이 다하면 단 것이 온다는 뜻으로, 고생 끝에 즐거움이 옴을 이르는 말.
• 양상군자(梁上君子) : 들보 위의 군자라는 뜻으로, 도둑을 비유하여 이르는 말.

# 18회 | 84~86쪽

★ 그림으로 낱말 찾기 ★

❶ 기악 ❷ 멜로디언 ❸ 단소 ❹ 건반 ❺ 지휘하다

★ 낱말 뜻 알기 ★

❶ 관악기, 대나무 ❷ 악기, 음악 ❸ 건반, 바람, 건반
❹ 장구, 편성 ❺ 합창, 조화

★ 낱말 친구 사총사 ★

❸

해설 '굿거리장단', '단소', '대취타'는 국악의 장단이나 악기 등을 일컫는 용어지만, '멜로디언'은 서양 음악에서 사용하는 건반 악기 명칭입니다.

★ 연상되는 낱말 찾기 ★

기악, 건반, 지휘하다

★ 짧은 글짓기 ★

• 예 작곡가는 떠오른 악상을 기억하기 위해 눈을 지그시 감고 고개를 끄덕인다.
• 예 소프라노는 음색이 높고 강해서 관객들의 소름을 돋게

한다.

• 예 지휘자는 멋진 화음을 위해서 연주단의 악기 상태를 점 검한다.

★ 맞춤법 ★

넉넉치 → 넉넉지

해설 '-하지'의 준 말은 어근이 모음이나 유성 자음(ㄴ, ㄹ, ㅁ, ㅇ)으로 끝날 때는 '-치'로 적고 그 외에는 '-지'로 적습니다. 한글 맞춤법 제40항 붙임 2를 보면 '넉넉하지 않다'의 준말은 '넉넉지 않다'라고 밝히고 있습니다.

★ 띄어쓰기 ★

㉮

해설 이 문장에서 '한편'은 한 낱말로 된 명사로서 붙여 씁니다.

★ 관용어 ★

도랑, 가재

해설 그림은 거실을 서재로 만들어 책도 읽고 가족들 사이에 대화하는 시간도 많아지는 일석이조의 효과가 있다고 말하는 상황입니다. 이 상황에 어울리는 관용어에는 '도랑 치고 가재 잡는다'가 있습니다. 이 말은 한 번의 노력으로 두 가지 소득을 본다는 뜻입니다.

★ 한자어 ★

道德(도덕), 良心(양심)

# 19회 | 88~90쪽

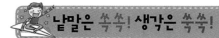

★ 그림으로 낱말 찾기 ★

❶ 표준어 ❷ 후보자 ❸ 방언 ❹ 아나운서 ❺ 소름

★ 낱말 뜻 알기 ★

❶ 적합, 소개 ❷ 신분, 자격 ❸ 돋아나 ❹ 사람
❺ 떠들썩, 기세 ❻ 살갗, 좁쌀

★ 낱말 친구 사총사 ★

❹

해설 '겹받침', '방언', '표준어'는 국어 과목을 공부하면서 배우는 용어들입니다. 따라서 다른 셋을 포함하는 큰 말에 해당되는 것은 국어입니다.

★ 연상되는 낱말 찾기 ★

아나운서, 방언, 표준어

---

★ 짧은 글짓기 ★

• 예 농촌에서는 늘 일손이 부족해서 이웃들이 서로 품앗이를 한다.

• 예 방송국 앞에서 인기 가수가 지나가자 팬들이 아우성을 친다.

• 예 극장에서 공포 영화의 무서운 장면 때문에 아이들은 소름이 돋는다.

★ 맞춤법 ★

널따랗다

해설 용언의 어간 뒤에 자음으로 시작된 접미사가 붙어서 된 말은 그 명사나 어간의 원형을 밝히어 적습니다. 하지만 '널따랗다'처럼 '넓-'의 겹받침의 끝소리가 드러나지 않을 때는 소리 나는 대로 적습니다.

★ 띄어쓰기 ★

㉯

해설 '-처럼'은 조사로 앞말에 붙여 씁니다.

★ 관용어 ★

떡

해설 그림은 예쁘게 꾸민 도시락을 보고 너무 맛있을 것 같다고 말하는 상황입니다. 이 상황에 어울리는 관용어에는 '보기 좋은 떡이 먹기에도 좋다'가 있습니다. 이 말은 내용이 좋으면 겉모양도 반반하다거나 겉모양새를 잘 꾸미는 것도 필요함을 비유적으로 표현할 때 사용합니다.

★ 한자어 ★

대동소이(大同小異)

해설 • 절차탁마(切磋琢磨) : 옥이나 돌 따위를 갈고 닦아서 빛을 낸다는 뜻으로, 부지런히 학문과 덕행을 닦음을 이르는 말.

• 침소봉대(針小棒大) : 바늘만 한 것을 몽둥이만 하다고 말한다는 뜻으로, 작은 일을 크게 과장(誇張)하여 말함을 이름.

• 대동소이(大同小異) : 큰 차이 없이 거의 같음.

# 20회 | 92~94쪽

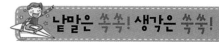

★ 그림으로 낱말 찾기 ★

❶ 국립 공원 ❷ 수입하다 ❸ 재활용 ❹ 수출하다 ❺ 근로자

★ 낱말 뜻 알기 ★

❶ 폐품, 용도, 가공 ❷ 가치, 보호, 지정 ❸ 성질, 바탕
❹ 상품, 기술, 외국 ❻ 물품, 문화

## ★ 낱말 친구 사총사 ★

**①**

해설 ❷, ❸, ❹의 '수입'은 무역을 통해 다른 나라로부터 물품을 사들이는다는 '輸入'입니다. 하지만 ❶의 '수입'은 열심히 일한 대가로 벌어들이는 돈이나 몫이라는 '收入'입니다.

## ★ 연상되는 낱말 찾기 ★

소비자, 근로자, 항만

## ★ 짧은 글짓기 ★

- **예** 앞으로 우리 반이 앞장서서 환경 보전을 위해 재활용 운동을 벌이자.
- **예** 내일 우리 가족 모두 즐거운 연휴를 보내기 위해 국립 공원을 찾아가자.
- **예** 미래에는 우리나라가 더 부강해지도록 무역을 더욱 활성화하자.

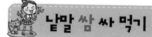

## ★ 맞춤법 ★

깜박이 → 깜빡이

해설 자동차의 방향 지시등을 달리 이르는 말은 '깜빡이'가 표준어입니다.

## ★ 띄어쓰기 ★

㉯

해설 의존명사로 쓰이는 '바'는 앞말과 띄어 씁니다.

## ★ 관용어 ★

뚝배기

해설 그림은 약골인 세윤이가 달리기에서 1등을 했다는 말을 듣고 겉모습만 보고 사람을 판단하면 안 된다고 말하는 상황을 묘사하고 있습니다. 이 상황에 어울리는 관용어에는 '뚝배기보다 장맛이 좋다'가 있습니다. 이 말은 겉으로 보기에는 보잘것없으나 내용은 훨씬 실속이 있다는 뜻입니다.

## ★ 한자어 ★

貿易(무역), 賣買(매매)

---

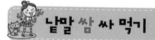

## ★ 그림으로 낱말 찾기 ★

❶ 중탕하다 ❷ 건조 ❸ 매연 ❹ 호흡기 ❺ 수증기

## ★ 낱말 뜻 알기 ★

❶ 그릇 ❷ 온도, 압력, 무색 ❸ 수증기, 포함 ❹ 액체, 기화 ❺ 연료, 그을음, 연소 ❻ 호흡, 기관

## ★ 낱말 친구 사총사 ★

**①**

해설 '수증기', '제습', '습도'는 모두가 물과 관련된 용어지만, '매연'은 물과 관련되지 않고 연료가 탈 때 발생하는 나쁜 연기를 말합니다.

## ★ 연상되는 낱말 찾기 ★

건조, 오염, 호흡기

## ★ 짧은 글짓기 ★

- **예** 가을에는 습도가 낮아져서 산불이 잘 일어난다.
- **예** 내일은 집 안 대청소를 하기 때문에 현관 표면도 깨끗해진다.
- **예** 최근 매연 때문에 공기 오염이 점점 더 심해진다.

## ★ 맞춤법 ★

때깔

해설 천이나 물건 등이 눈에 선뜻 드러나 비치는 맵시나 빛깔을 나타내는 말은 '땟깔'이 아니라 '때깔'입니다.

## ★ 띄어쓰기 ★

㉮

해설 ❶ 수효를 나타내는 '개년, 개월, 일(간), 시간' 등은 앞의 수 관형사와 띄어 씁니다. 다만 앞의 수 관형사가 아라비아 숫자인 경우는 붙여 쓸 수 있습니다.

## ★ 관용어 ★

잔치

해설 그림은 볼거리가 많은 축제라고 대대적으로 홍보를 해서 가 보았더니 별로 볼 것이 없어서 실망했다고 말하는 상황을 묘사하고 있습니다. 이 상황에 어울리는 관용어에는 '소문난 잔치에 먹을 것 없다'입니다. 이 말은 떠들썩한 소문이나 큰 기대에 비하여 실속이 없거나 소문이 실제와 일치하지 아니하는 경우를 비유적으로 표현할 때 사용합니다.

## ★ 한자어 ★

두문불출(杜門不出)

말의 활용형과 떨어 써야 하고 어미라면 어간에 붙여 써야 하는데 예문에서는 '오다'의 활용형 '올' 뒤에 오는 의존명사로 쓰였으므로 떨어 씁니다.

★ 관용어 ★

빛

해설 그림은 입은 옷이 예쁘긴 하지만 빌린 옷이라 자기 것이 아니라고 말하는 상황을 묘사하고 있습니다. 이 상황에 어울리는 관용어에는 '빛 좋은 개살구'가 있습니다. '개살구'는 질이 떨어지는 살구를 의미하는 말로서, 흔히 '보기에만 좋고 질이 떨어지는', '허울만 좋은' 또는 '실속 없이 겉모양만 좋은'이라는 뜻으로 쓰입니다.

★ 한자어 ★

犯罪(범죄), 保護(보호)

# 22회 | 100~102쪽

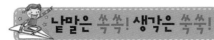

★ 그림으로 낱말 찾기 ★
❶ 개회 ❷ 안건 ❸ 회의록 ❹ 국민의례 ❺ 폐회

★ 낱말 뜻 알기 ★
❶ 차이, 구별 ❷ 처지, 마음 ❸ 품성, 행실
❹ 이익, 이익, 염두 ❺ 토의, 조사

★ 낱말 친구 사총사 ★
❸

해설 '경례', '국기', '애국가'는 국민의례를 진행할 때 필요한 행동이나 소품들입니다. 따라서 다른 셋을 포함하는 큰 말에 해당되는 것은 ❸ '국민의례'입니다.

★ 연상되는 낱말 찾기 ★
동정심, 이기주의, 회의록

★ 짧은 글짓기 ★
· 예 인간은 누구나 존엄하기 때문에 서로의 인격을 존중해야 한다.
· 예 사회자는 참석자가 모두 자리했기 때문에 곧바로 개회를 선언해야 한다.
· 예 사회자는 참석자의 토의가 모두 끝났기 때문에 폐회를 선언해야 한다.

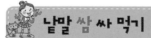

★ 맞춤법 ★
꼴지 → 꼴찌

해설 '꼴지'가 아니라 '꼴찌'로 써야 합니다. 꼴찌는 차례의 맨 끝을 뜻합니다.

★ 띄어쓰기 ★
㉯

해설 '듯'은 의존명사로도 쓰이고 어미로도 쓰입니다. 의존명사라면 앞

# 23회 | 104~106쪽

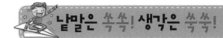

★ 그림으로 낱말 찾기 ★
❶ 영양소 ❷ 조리하다 ❸ 계량하다 ❹ 밸브 ❺ 식단
❻ 급식

★ 낱말 뜻 알기 ★
❶ 성장, 에너지 ❷ 발육, 생리 ❸ 음식, 종류, 순서
❹ 수량, 부피, 무게 ❺ 집단, 식사

★ 낱말 친구 사총사 ★
❹

해설 ❶, ❷, ❸의 '소화'는 음식물을 분해하여 영양분을 흡수하기 쉬운 형태로 변화시키는 '消化'입니다. 하지만 ❹의 '소화'는 불을 끄는 '燒火'입니다.

★ 연상되는 낱말 찾기 ★
탄수화물, 식단, 조리하다

★ 짧은 글짓기 ★
· 예 단백질은 성장 과정에 매우 중요하므로 두부나 계란을 자주 먹도록 하자.
· 예 비타민은 미량이지만 성장에 꼭 필요한 영양소이기에 야채나 과일을 충분히 섭취하도록 하자.
· 예 가스는 위험하기 때문에 사용 후에는 밸브를 꼭 잠그도록 하자.

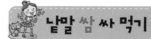

★ 맞춤법 ★
변변찮은

'변변찮은' 은 '변변하지 아니한' 을 줄여서 쓴 말입니다.

★ 띄어쓰기 ★

㉮

해설 '좋은' 은 '날' 을 꾸며 주는 말로서 뒤의 말과 띄어 씁니다.

★ 관용어 ★

염불, 잿밥

해설 그림은 예쁜 아이를 보려고 노래도 못하면서 합창부에 든 상황을 묘사한 것입니다. 이 상황에 어울리는 관용어에는 '염불에는 마음이 없고 잿밥에만 마음이 있다' 가 있습니다. 이 말은 제가 해야 할 일에는 관심이 없고 잇속에만 마음을 두는 것을 비유적으로 표현할 때 사용합니다.

★ 한자어 ★

마이동풍(馬耳東風)

해설 • 수구초심(首丘初心) : 여우가 죽을 때에 머리를 자기가 살던 굴 쪽으로 둔다는 뜻으로, 고향을 그리워하는 마음을 이르는 말.
• 조삼모사(朝三暮四) : 간사한 꾀로 남을 속여 희롱함을 이르는 말. 중국 송나라의 저공(狙公)의 고사로, 먹이를 아침에 세 개, 저녁에 네 개씩 주겠다는 말에는 원숭이들이 적다고 화를 내더니 아침에 네 개, 저녁에 세 개씩 주겠다는 말에는 좋아하였다는 데서 유래한다.
• 마이동풍(馬耳東風) : 말의 귀에 동풍이 불어도 아랑곳하지 아니한다는 뜻으로, 남의 말을 귀담아듣지 아니하고 지나쳐 흘려 버림을 이르는 말.

# 24회 | 108~110쪽

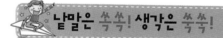

★ 그림으로 낱말 찾기 ★
❶ 벽화 ❷ 채색하다 ❸ 애니메이션 ❹ 테라코타
❺ 유채 ❻ 수묵

★ 낱말 뜻 알기 ★
❶ 기름, 그림 ❷ 점토, 기와 ❸ 먹 ❹ 그림 ❺ 동굴, 벽면

★ 낱말 친구 사총사 ★
❷

해설 '테라 코타', '유채', '수묵' 은 미술 분야에서 사용되는 표현 기법을 일컫는 용어지만, '돋보기' 는 작은 것을 크게 보이도록 렌즈의 배를 볼록하게 만든 기구를 말합니다.

★ 연상되는 낱말 찾기 ★

애니메이션, 배치하다, 동세

★ 짧은 글짓기 ★

• 예 그림을 따뜻하게 표현하려고 명도를 높게 그렸을까?

• 예 동양적인 느낌을 살리기 위해 수묵 기법을 활용하였을까?
• 예 도화지나 캔버스가 없었기 때문에 원시인들은 동굴 속에 벽화를 그리기 시작했을까?

★ 맞춤법 ★

꽃봉우리 → 꽃봉오리

해설 망울만 맺히고 아직 피지 않은 꽃을 이를 때는 '봉오리' 를, 산의 가장 높이 솟은 부분을 이를 때는 '봉우리' 를 씁니다.

★ 띄어쓰기 ★

㉯

해설 '참다못하다' 는 '더 이상 참을 수 없다.' 라는 뜻의 한 낱말입니다.

★ 관용어 ★

논

해설 그림은 놀부가 금은보화를 잔뜩 얻을 욕심에 제비 다리를 부러뜨리는 상황을 묘사한 것입니다. 이 상황에 어울리는 관용어에는 '제 논에 물 대기' 가 있습니다. 이 말은 자기에게만 이롭게 되도록 생각하거나 행동하는 것을 비유적으로 표현할 때 사용합니다.

★ 한자어 ★

法院(법원), 是非(시비)

# 25회 | 112~114쪽

★ 그림으로 낱말 찾기 ★
❶ 장승 ❷ 핀잔하다 ❸ 성깔 ❹ 수완 ❺ 인쇄하다

★ 낱말 뜻 알기 ★
❶ 꾸미, 재간 ❷ 성질, 버릇 ❸ 가시, 운치 ❹ 어귀, 푯말
❺ 취미, 모임 ❻ 한쪽

★ 낱말 친구 사총사 ★
❶

해설 '미궁' 은 '들어가면 나올 길을 쉽게 찾을 수 없게 되어 있는 곳' 이라는 뜻이며, 따라서 '미궁에 빠졌다' 는 '문제가 얽혀서 쉽게 해결하지 못하게 되었다.' 라는 의미로 통합니다.

★ 연상되는 낱말 찾기 ★

장승, 동호회, 인쇄하다

★ 짧은 글짓기 ★

- **예** 친구는 어제 내가 그림을 못 그렸다고 핀잔했다.
- **예** 남동생은 오늘 아침 입고 가려는 옷이 덜 말랐다며 엄마에게 성깔을 부렸다.
- **예** 나는 좋은 동화책을 읽을 때마다 벅찬 감동이 전해져 진한 여운을 느꼈다.

## 낱말 쌈 싸 먹기

★ 맞춤법 ★

맞히면

**해설** 문제에 대한 답을 틀리지 않고 적중했다는 뜻의 단어로는 '맞추다'가 아닌 '맞히다'를 써야 합니다. '맞추다'는 '둘 이상의 일정한 대상을 나란히 놓고 비교하다.', '깨진 조각들을 다시 잘 맞춰 붙이다.'와 같이 서로 떨어져 있는 부분을 제자리에 맞게 대어 붙이다 등의 뜻으로 쓰입니다.

★ 띄어쓰기 ★

㉴

**해설** '그만하다'는 '정도가 그러하다.', '웬만하다', '그것만 하다.'라는 뜻으로 붙여 씁니다.

★ 관용어 ★

가랑비, 옷

**해설** 그림은 조금만, 조금만 하다가 컴퓨터 게임을 너무 오래하게 되었다는 말을 하고 있는 상황입니다. 이 상황에 어울리는 관용어에는 '가랑비에 옷 젖는 줄 모른다'가 있습니다. 가늘게 내리는 비는 조금씩 젖어 들기 때문에 여간해서 옷이 젖는 줄을 깨닫지 못한다는 뜻으로, 아무리 사소한 것이라도 그것이 거듭되면 무시하지 못할 정도로 크게 됨을 비유적으로 이르는 말입니다.

★ 한자어 ★

명경지수(明鏡止水)

**해설** • 명경지수(明鏡止水) : 맑은 거울과 조용한 물이라는 뜻으로, 티없이 맑고 고요한 심경을 이르는 말.
• 전전반측(輾轉反側) : 돌아눕고 구르고 뒤척이고 기울어짐. 근심과 걱정으로 잠을 이루지 못하는 모양.
• 연목구어(緣木求魚) : 나무에 올라가서 물고기를 구한다는 뜻으로, 도저히 불가능한 일을 굳이 하려 함을 비유적으로 이르는 말.

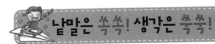

# 26회 | 116~118쪽

★ 그림으로 낱말 찾기 ★

❶ 댐 ❷ 재해 ❸ 대기 ❹ 묘목 ❺ 소득

★ 낱말 뜻 알기 ★

❶ 발전, 수리 ❷ 표면, 기체 ❸ 나무 ❹ 근로 사업, 수입
❺ 재화, 용역

★ 낱말 친구 사총사 ★

❷

**해설** ❶, ❸, ❹의 '대기'는 때나 기회를 기다린다는 '待機'입니다. 하지만 ❷의 '대기'는 천체(天體)의 표면을 둘러싸고 있는 기체인 '大氣'입니다.

★ 연상되는 낱말 찾기 ★

재해, 국토, 기업

★ 짧은 글짓기 ★

- **예** 미래에 환경 오염이 심각해질 수 있으므로 꾸준한 친환경 노력이 필요하다.
- **예** 앞으로 경제 강국으로 도약하는 발판을 마련하기 위해서는 국민들의 의식 변화가 요구된다.
- **예** 현대 사회에는 산업이 다양하게 발달하여 선택할 수 있는 직업이 폭넓게 확대된다.

## 낱말 쌈 싸 먹기

★ 맞춤법 ★

없슴 → 없음

**해설** 명사형을 만드는 접미사는 '-음/ㅁ'으로 이것은 '-습니다'의 '습'과는 전혀 관련이 없습니다. 따라서 '없음'이라고 적어야 바른 표기입니다.

★ 띄어쓰기 ★

㉴

**해설** '-ㄹ지언정'은 연결 어미로 그 앞말과 붙여 씁니다.

★ 관용어 ★

먼지

**해설** 그림은 세상에 흠 잡을 데 없이 완벽한 사람은 없다는 말을 하고 있는 상황을 묘사하고 있습니다. 이 상황에 어울리는 관용어에는 '털어서 먼지 안 나는 사람 없다'가 있습니다. 이 말은 누구나 결점이나 허물이 없는 사람이 없다는 뜻입니다.

★ 한자어 ★

遺産(유산), 保存(보존)

## ★ 그림으로 낱말 찾기 ★
❶ 안개 ❷ 이끼 ❸ 측정하다 ❹ 지시약 ❺ 물갈퀴

## ★ 낱말 뜻 알기 ★
❶ 지표면, 물방울 ❷ 바위, 습지 ❸ 구조, 균류
❹ 침전물, 반응, 판정 ❺ 중화, 성질

## ★ 낱말 친구 사총사 ★
❷

해설 ❶, ❸, ❹의 '산성'은 산 위에 쌓은 성인 '山城' 입니다. 하지만 ❷의 '산성'은 수소 이온의 농도가 순수한 물보다 큰 성질인 '酸性' 입니다.

## ★ 연상되는 낱말 찾기 ★
지하수, 곰팡이, 물갈퀴

## ★ 짧은 글짓기 ★
• 예 남부 지방에 오늘 안개 주의보가 내려졌으니 자동차들이 평소보다 천천히 달릴 것이다.
• 예 전학 온 학교에서 내일 학교생활에 잘 적응하라고 환영회가 열릴 것이다.
• 예 시내에서 거의 매일 음주 운전 측정을 하니까 대리운전 이용률이 높아질 것이다.

## 낱말 쌈 싸 먹기

### ★ 맞춤법 ★
움큼

해설 손으로 한 줌 움켜쥘 만한 분량을 세는 단위는 '움큼' 으로 표기합니다.

### ★ 띄어쓰기 ★
㉮

해설 명사나 명사의 성질을 가진 말에 '-없다' 를 붙여 합성할 때는 붙여 씁니다.

### ★ 관용어 ★
꿈, 해몽

해설 그림은 자신에게 장난치는 것이 자기를 좋아해서라고 생각하는 상황을 묘사한 것입니다. 이 상황에 어울리는 관용어에는 '꿈보다 해몽이 좋다' 가 있습니다. 이 말은 하찮거나 언짢은 일을 그럴듯하게 돌려 생각하여 좋게 풀이함을 비유적으로 표현하거나 사실보다 해석이 더 중요함을 비유적으로 나타낼 때 사용합니다.

## ★ 한자어 ★
명약관화(明若觀火)

해설 • 갑론을박(甲論乙駁) : 여러 사람이 서로 자신의 주장을 내세우며 상대편의 주장을 반박함.
• 명약관화(明若觀火) : 밝기가 불을 보는 것과 같다는 뜻으로, 의심할 여지 없이 매우 분명하다는 뜻.
• 반포지효(反哺之孝) : 까마귀 새끼가 자라서 늙은 어미에게 먹이를 물어다 주는 효(孝)라는 뜻으로, 자식이 자란 후에 어버이의 은혜를 갚는 효성을 이르는 말.

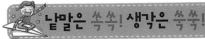

## ★ 그림으로 낱말 찾기 ★
❶ 절차 ❷ 의장 ❸ 동의 ❹ 재청 ❺ 다수결

## ★ 낱말 뜻 알기 ★
❶ 귀중 ❷ 회의, 안건 ❸ 사정, 형편 ❹ 의사
❺ 순서, 방법

## ★ 낱말 친구 사총사 ★
❹

해설 '다수결', '동의', '의장'은 회의나 토의에 직접적으로 관련된 용어지만, '평등'은 민주주의 일반 원칙에 해당되는 말입니다.

## ★ 연상되는 낱말 찾기 ★
사생활, 훼손, 재청

## ★ 짧은 글짓기 ★
• 예 국가는 모든 국민이 평등하므로 각자의 인권을 존중해야 한다.
• 예 피해자는 자신의 권익을 보호하기 위해 법적 소송을 제기해야 한다.
• 예 정부는 저소득층의 처지를 개선하기 위해 복지 예산을 대폭 늘려야 한다.

## 낱말 쌈 싸 먹기

### ★ 맞춤법 ★
으례 → 으레

해설 '두말할 것 없이 당연히', '틀림없이 언제나' 의 뜻을 가진 낱말은 '으레' 로 표기합니다.

### ★ 띄어쓰기 ★
㉯

해설 따로 살림하는 아들이나 아우, 작은아버지의 집, 분가하여 나간 집을 종가(宗家)에 상대하여 이르는 '작은집'은 붙여 씁니다. 집의 규모가 작은 경우를 이르는 말은 '작은 집'과 같이 띄어 씁니다.

★ 관용어 ★

사촌, 이웃

해설 그림은 이웃에 사는 사람이 도와준 일에 대해 감사한 마음을 전하는 상황을 묘사한 것입니다. 이 상황에 어울리는 관용어에는 '먼 사촌보다 가까운 이웃이 낫다'가 있습니다. 이 말은 이웃끼리 서로 가까이 지내다 보면, 먼 데 있는 일가보다 더 친하게 되는 것을 비유적으로 표현할 때 사용합니다.

★ 한자어 ★

夫婦(부부), 期待(기대)

# 29회 | 128~130쪽

### 낱말은 쏙쏙! 생각은 쑥쑥!

★ 그림으로 낱말 찾기 ★

❶ 인출 ❷ 전표 ❸ 금융 ❹ 계좌 ❺ 수표

★ 낱말 뜻 알기 ★

❶ 목적, 자유 ❷ 비용, 계산 ❸ 수입, 지출
❹ 출납, 거래, 쪽지 ❺ 예금, 위탁

★ 낱말 친구 사총사 ★

❸

해설 ❶, ❷, ❹의 '결산'은 일정한 기간 동안의 수입과 지출을 마감하여 계산하는 뜻을 가지고 있지만 ❸의 '결산'은 일정한 기간 동안의 활동이나 업적을 모아 정리하거나 마무리하는 뜻을 갖고 있습니다.

★ 연상되는 낱말 찾기 ★

지출, 결산, 금융

★ 짧은 글짓기 ★

• 예 엄마는 오늘 내게 용돈을 자그마치 5천 원이나 주었다.
• 예 아빠는 다음 주에 나만의 은행 계좌를 만들어 준다는 약속을 했다.
• 예 우리나라 은행들은 올해부터 수표 발행하는 방법을 바꾸기로 했다.

### 낱말 쌈 싸 먹기

★ 맞춤법 ★

지푸라기

해설 '낱낱의 짚' 또는 '부서진 짚의 부스러기'는 '지푸라기'로 씁니다.

★ 띄어쓰기 ★

㉯

해설 일부 명사에 '지다, 하다, 되다, 거리다, 싶다, 없다, 이다, 삼다, 나다, 들이다, 시키다, 받다, 당하다' 등이 붙어 용언이 된 경우에는 붙여 씁니다.

★ 관용어 ★

광

해설 그림은 성공한 기업인이 장학금을 주는 것을 보고 좋은 일도 경제적 여유가 있어야 수월하다는 것을 말하는 모습입니다. 이 상황에 어울리는 관용어에는 '광에서 인심 난다'가 있습니다. 이 말은 먹고살 만큼 넉넉해야 남을 도울 수 있다는 뜻을 담고 있습니다.

★ 한자어 ★

목불식정(目不識丁)

해설 • 목불식정(目不識丁) : 아주 간단한 글자인 '정(丁)'자를 보고도 그것이 '고무래'인 줄 알지 못한다는 뜻으로, 아주 까막눈임을 이르는 말.
• 식자우환(識字憂患) : 글자를 아는 것이 오히려 근심이 된다는 뜻.
• 호구지책(糊口之策) : 가난한 살림에서 그저 겨우 먹고살아 가는 방책.

# 30회 | 132~134쪽

### 낱말은 쏙쏙! 생각은 쑥쑥!

★ 그림으로 낱말 찾기 ★

❶ 원반 ❷ 하키 ❸ 발레 ❹ 상체 ❺ 인대

★ 낱말 뜻 알기 ★

❶ 관절, 조직 ❷ 공중, 동작 ❸ 지점, 지점, 사이
❹ 활강, 점프 ❺ 고깔, 북채, 민속

★ 낱말 친구 사총사 ★

❶

해설 '승무', '부채춤', '강강술래'는 모두가 우리나라의 전통 무용 예술이지만, '발레'는 서양의 무용입니다.

★ 연상되는 낱말 찾기 ★

인대, 발레, 승무

★ 짧은 글짓기 ★

• 예 멀리뛰기를 할 때는 반동이 중요하기에 무릎을 최대한 활용하는 게 좋다.
• 예 체조를 할 때는 부상의 위험이 따르기에 착지를 안전하

게 하는 게 좋다.
- **예** 수영을 할 때는 힘찬 동작이 필요하므로 상체를 풀어 주는 준비 운동을 충분히 하는 게 좋다.

**낱말 쌈 싸 먹기**

### ★ 맞춤법 ★
촉촉히 → 촉촉이

**해설** '촉촉이'는 [촉초기]로 소리가 나기 때문에 '-이'로 적습니다. '촉촉히'로 쓰지 않도록 주의합니다.

### ★ 띄어쓰기 ★
㉯

**해설** '떠오르다'는 한 낱말로 붙여 씁니다.

### ★ 관용어 ★
누이

**해설** 그림은 텃밭을 가꾸면 몸도 튼튼해지고 신선한 채소도 먹을 수 있는 여러 장점을 말하는 상황을 묘사하고 있습니다. 이 상황에 어울리는 관용어에는 '누이 좋고 매부 좋다'가 있습니다. 이 말은 나이 든 누이는 매부를 만나 시집을 가니 좋고, 장가를 못 간 매부는 누이를 만나 장가를 드니 양쪽 다 좋다는 뜻입니다.

### ★ 한자어 ★
貧富(빈부), 社會(사회)

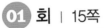

# 가로·세로 낱말 만들기

01 회 | 15쪽

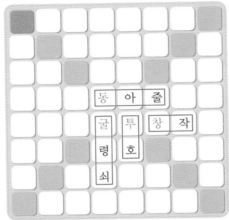

동아줄
굴 투 창 작
령 호
쇠

04 회 | 27쪽

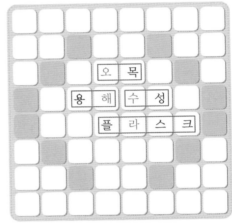

오 목
용 해 수 성
플 라 스 크

02 회 | 19쪽

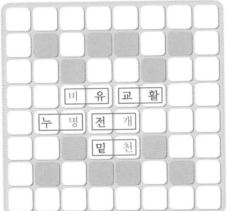

비 유 교 활
누 명 전 개
밑 천

05 회 | 31쪽

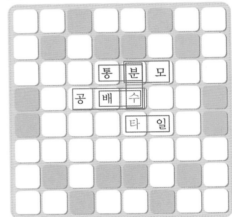

통 분 모
공 배 수
타 일

03 회 | 23쪽

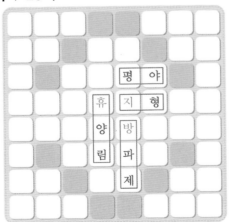

평 야
휴 지 형
양 방
림 파
제

06 회 | 35쪽

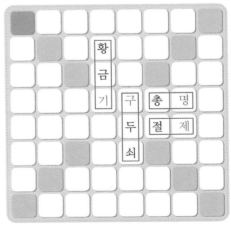

황
금
기 구 총 명
두 절 제
쇠

**07** 회 | 39쪽

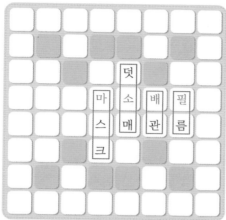

덧<br>
마 소 배 필<br>
스 매 관 름<br>
크

**08** 회 | 43쪽

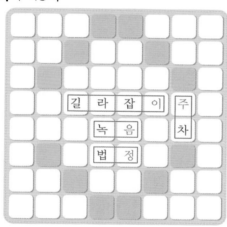

길 라 잡 이 주<br>
녹 음 차<br>
법 정

**09** 회 | 47쪽

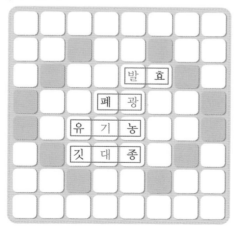

발 효<br>
폐 광<br>
유 기 농<br>
깃 대 종

**10** 회 | 51쪽

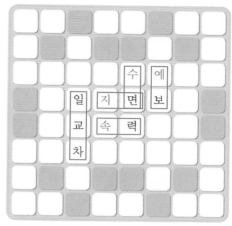

수 예<br>
일 지 면 보<br>
교 속 력<br>
차

**11** 회 | 55쪽

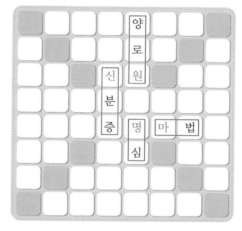

양<br>
로<br>
신 원<br>
분<br>
중 명 마 법<br>
심

**12** 회 | 59쪽

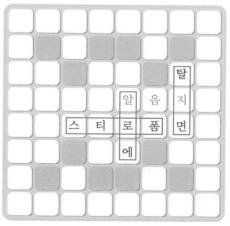

탈<br>
알 음 지<br>
스 티 로 폼 면<br>
에

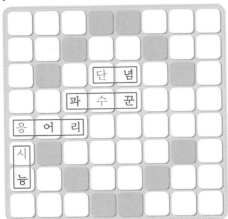

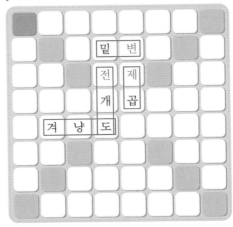

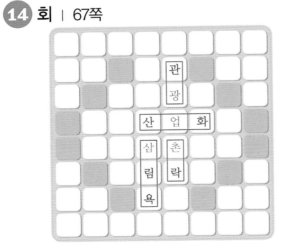

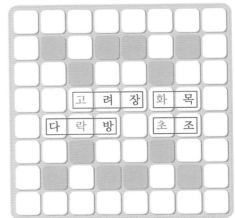

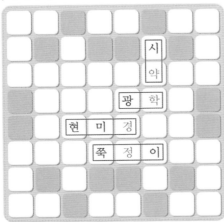

**19** 회 | 87쪽

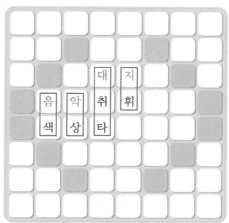

**22** 회 | 99쪽

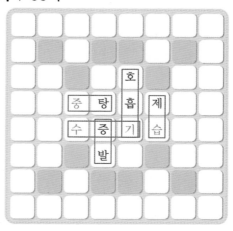

**20** 회 | 91쪽

**23** 회 | 103쪽

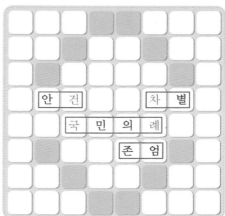

**21** 회 | 95쪽

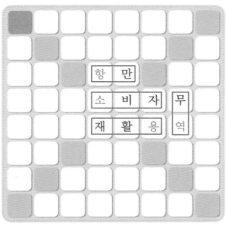

**24** 회 | 107쪽

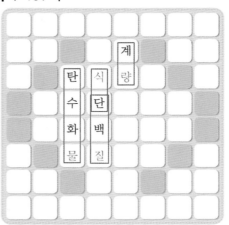

## 25 회 | 111쪽

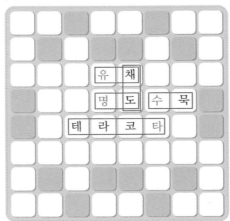

## 26 회 | 115쪽

## 27 회 | 119쪽

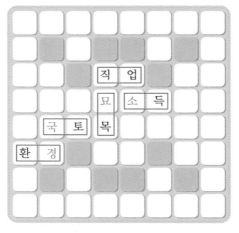

## 28 회 | 123쪽

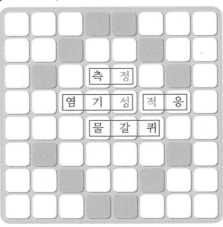

## 29 회 | 127쪽

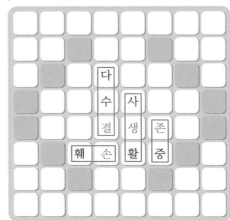

## 30 회 | 131쪽

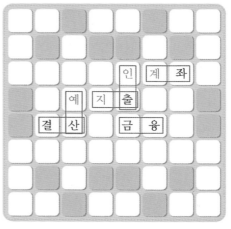